だったら「仕事」
やめちゃえばぁ…!?

みんな知らないたった1つの
本当の人生のつくり方

麻雅 八世

合同フォレスト

ご注意！

会社が楽しくて楽しくて、
すごく充実している人は、
本書を決して読んではいけません！
必ず大きな悪影響があります。

でも、もしもいまキミが、「会社が辛いなぁ〜、辞めたいなぁ〜」と思っているとしたら……。

「あること」を変えるだけで、人生が楽しく自由になる方法があるんだけど……。

知りたくない？

またいま、タイミングが悪いことに、日本では貧困がどんどん広がっていて、「40歳以上の破産予備軍は90パーセント以上」なんて言われている。

若い人にとっては、さらに深刻だから不安でしょうがないよね。

それでも、「あること」を変えるだけで乗り越えられる方法があるんだ。

・会社を辞めたいと思っている人
・人生を向上させたいと思っている人

いま、自分の生き方に迷っている人は、本書を読み進めていったら人生変わるかもね。

でも、何度も言うけど
会社が大好きな人は
絶対に読んではダメ!!
さて、キミはどっち？

はじめに

キミはいま、自分の人生に満足している？
まだこの本を読んでくれているってことは、おそらく満足していないよね？
会社を辞めたいと思っているのかな？

じゃあ、いったい何が不満なの？
給料が安いこと？
将来が見えないこと？
残業が多すぎて、自由な時間がないこと？
イヤな上司がいること？
やりたくない仕事をやらされていること？
毎日、地獄のような満員電車に乗らなきゃいけないこと？

不満はいろいろあるよね。


でも、生活があるから会社を辞められない。

生きていくためには、お金が必要だからね。


じゃあ、もし、お金がいっぱいあって、時間もいっぱいあって、好きなことをして生きていけるとしたら、キミは何がしたい？

趣味？

世界一周旅行？

ボランティア？

贅沢三昧？

自分で起こす新しい事業？

それとも……。

キミは答えられたかな？

じつは、現状に不満はあるけど、「何がしたい？」って聞かれたら、「わからない」って人が結構多いんだよ。

ほとんどの人が、自分は本当は何がしたいのかがわからず、なんとなく生きている。

そんなことで、人生楽しいのかな？

世の中は、甘いの？　甘くないの？

「一度きりの人生なんだから、好きなことをしたほうがいい」って言葉、キミも誰かに言われたことがあるんじゃないかな。

でも、そのたびに、こう思ったんじゃない？

「確かにそうだけど、好きなことをして生きていけるほど、世の中そんなに甘くはないよ」と。


でも、本当にそうなのかな？

世の中そんなに甘くないのかな？

もしかしたら、過去に誰かにそう言われたから、キミはそのまま思い込んでいるだけじゃないの？

親とか、学校の先生とか、先輩とか、上司とか……。


だいたい多くの大人たちはそう言うからね。

キミの身内や、身近な人ほど、きっとそう言うと思うよ。

なぜなら、キミに失敗してほしくないから。


つまり、未知なことに挑戦してほしくないんだ。

面倒なことが起こりそうだからね。

本当のことを言うと、キミに成功してほしくない……という気持ちも、じつはあるんだ。

キミだけが成功したら悔しいからね。


でもね。

何かにチャレンジしたとして、失敗するとは限らないし、世の中には好きなことをして生きている人はたくさんいる。

じつは、ボクもそのひとりで、いまでは**「好きなことを、好きなときに、好きな人と、好きなところで、好きなだけできる」**自由を手に入れている。


この前、人に聞かれたので計算してみたら、ボクは現在「7200日連休」だった。

20年くらい働かずに自由に生きていて、記録を更新中だ。

確かに仕事らしい仕事をしていない。


ただ、ボクも最初から自由を手に入れられたわけじゃなくて、27歳で「あること」に気付くまでは、うまくいかないことの連続だったんだ。

1億3000万円の個人借金までつくってしまったからね。

でも、「あること」に気付いたから復活できたんだ。


ボクがどうやっていまの自由を手に入れたのかは、本書で詳しく話すとして、ここでは「世の中大変！　そんなに甘くない！」と一般常識的にいわれていることは間違いだということを説明しよう。

この常識に縛られている限り、キミは一歩も動けなくなる。

「あること」って何？

ここまで読んでくれたキミの頭の中では、「『あること』って何？」という疑問が渦巻いているんじゃないかな？

「『あること』については後ほど」などと、引っ張るつもりはないので安心してほしい。

それは何かというと、

「考え方を変える」。

たった、それだけ…。

たとえば、「会社を辞めたら生きていけない」という考え方を、「会社を辞めても生きていける」に変えてみる。

さっきの「世の中そんなに甘くはない」もそう。

「世の中は甘い」に変えてみる。

このように自分の考え方を変えることができれば、自然と行動が変わってくる。その結果、人生も変わるという仕組みなんだよ。

人って「思っていること・想っていること」を現実化していくんだ。

だから、「会社を辞めたら生きていけない」と思っていると、それを現実化するから、本当に生きていけなくなるんだ。

「そうは言っても、考え方なんて急に変えられないよ」と、キミは言うかもしれない。

長年こうだと信じてきたことを、急に変えるのは難しいよね。
でも、大丈夫。
この本を読み終わるころには、キミの考え方は変わっているから。

問いかけるから、はっきり返事をして！
キミは、いまのままでいいの？
Ｙｅｓ！　ワタシはこのままでよい。↓本書を閉じてくだされ。
Ｎｏ！　ワタシはこのままではイヤだ！

もし、人生を少しでもよい方向に変えたいのなら、ページをめくってみてほしい。

さあ、考え方を変える未知の世界を知るために出発しようじゃないの！

麻雅　八世

もくじ

第2章　このままでは大変なことになる!?

第3章　ボクはこうして時間を売らない生活を手に入れた

第4章　考え方を変えれば人生が変わる！

第5章 成功するためにいますぐやるべき12のこと

第1章

キミの会社の時給は アルバイトより安いかも

Success

1 キミの時給はいったいいくら？

突然だけど、キミはいま、いくら給料をもらっている？

毎月、会社から給料明細をもらうだろうから、これは把握しているよね。

じゃあ、それを時給換算したらいくらになるのか、計算してみたことはある？

じつは、計算したことないって人、意外と多いんだよね。

ボーナスも含めた年収を会社に拘束されている時間で割ればいいだけだから簡単でしょ。

ちょっといま、計算してみようよ。

いくらになったかな？


以前、ボクのセミナーに来ていた人にも、この計算をやってもらったことがあったんだけど、あまりにも安くて愕然としていた27歳の男性がいたよ。

サービス残業の時間や通勤時間など、会社のために使っている時間を全部足して計算したら、なんと時給が５９０円だったんだよ。

時給の計算式

キミの年間の給料 ÷（基本労働時間＋残業時間＋土日出勤時間＋通勤時間＋酒を付き合う時間）＝ 時給

これ、ホントの話。

５９０円って、高校生のアルバイトの時給よりも安いよね。

もしかすると、生活保護以下。

現在、日本人の平均年収は約４００万円と言われているけど、これをいまのように時給換算したら、時給が８００円以下になる人は結構いると思うよ。

ちなみに、この衝撃の事実に気付いた27歳の彼は、その会社を辞めちゃった。

いまは派遣社員として働いていて、自分で起業しようと計画中。

年収は以前とそれほど変わらないけど、残業しなくてよくなった分、時給は格段に上がったそうだよ。

何より、自分の人生を計画できる自由な時間が増えたことがうれしいって言ってたね。

さて、キミの時給はいったいいくらだったかな？

2 日本人の平均年収は約400万円のウソ

先ほど日本人の平均年収は約４００万円と言ったけど、じつはこれ、ウソなんだよね。正確に言うと、「日本人の平均年収」ではなく「民間給与実態統計」、つまり「サラリーマンの平均年収」なんだよ。

日本中の勤め人の給料や、そこから算出する税金のデータを税務署はもっている。その税務署がコンピュータのキーボードをポンと叩けば瞬間に出てくる数字。

それが民間給与平均。

つまり、給料以外の所得、たとえば株や海外投資での利益、不動産所得、企業投資による配当、特許収入、印税収入などがたくさんあるお金持ちの人たちの収入は、この中には入っていないということ。

なぜかというと、これらの収入は国がすべてを正確に把握することができないから、平均が出せないんだよ。仮に正確に把握できたとしても、平均を出すことにあまり意味がない。

また、土地や金地金、宝石や絵画、株などの資産というものは収入ではないので売却するまでどのくらいになるかがわからない。

こっちのほうが、ものすごい金額になるのにね。

じゃあ、お金持ちも含めたすべての日本人の平均年収はいくらなのかというと、正確にはわからないけれど、ボクの想像ではだいたい１３００万円くらいじゃないかと思う。

この話をするとショックを感じる人がとっても多いんだけど、さらに言っちゃえば、経営者や役員は、高級外車や旅行、食事も会社経費にしている場合が多いので、給料を使わないでも贅沢できることがたくさんあるということ。

だから、自分は年収４００万円だから平均くらいだと思っていたら、大間違いだってこと。

平均以下もいいところ。とても貧乏な人たちなんだよ。

「平均年収約４００万円」にはお金持ちの収入は含まれていない。
おそらく実際は平均年収　約１３００万円!?

でも、こういうことは表に出てこないから、みんな知らないんだよね。

知らないから、年収４００万円で自分は中流層だと思って安心しちゃってる。

本当は平均を大きく下回っているから、下流層なのにね。

だから、総中流意識をもつ日本人って、少しオカシイね。

もしキミが年収４００万円以下だったら、すごく貧乏だということを認識しよう。


考え方を変えるには、まず自分が世の中のどの位置にいるか、ポジショニングの認識が必要。

どう、認識できた？

年収１０００万円で鼻が高い人も、別にたいしたことではないんだよ。

ちょっとショッキングな話だったかな？

でも現実は見ないようにするのではなく、直視しないと自分が変化できなくなるよ。

自分の時給がいくらなのか、という話よりもショッキングだったかもしれないね。

さて、この事実を知ってしまったキミは、どこを目指す？

3 キミが給料と引き換えにしているものは？

キミは会社から給料をもらう代わりに、会社に何を提供しているのかな？

一般的な答えで言うと「労働力」。

とかく「能力」とか「作業」とかの提供、という言葉に惑わされてしまいがちなんだけど、もっとトータルでみると何だろう？

そう、時間だよね。

つまり、キミの人生。

キミは時間を会社に売って、給料をもらっているんだよ。

これは正社員だろうが、派遣だろうが、パートやアルバイトだろうが、みんな同じ。

自分の時間を売って、お金をもらっている。

誰が買っているの？

そう、キミが勤めている会社の社長。

さっき自分の時給を計算してみて、「こんなに安く自分の時間を売っていたのか！」と愕然とした人もいたかもしれないけれど、じつは「自分の時間を売る」という行為そのものに抵抗を感じている人は意外と少ないんだよね。

その理由は、時間を売ること以外に、お金を得る方法を知らない人が多いからなんだ。

さっきも言ったけど、キミたちは大人から「世の中大変！　甘くない！」と言われ続けてきた。だからキミたちは「世の中への挑戦」には恐怖をもって育つようになる。

じつは大人たちも、その親から「世の中大変！　甘くない！」と言われてきたから恐怖をもって育ってきたんだね。

みんな気付かない負の連鎖が起こっているわけだ。

だから時間を売って生きていくのが一番安全と思い込んじゃった。

「寄らば大樹の陰」

それで安定している大企業、公務員なんかが就職先として人気になる。

時間を売ること以外に、お金を得る方法を知らずに育つ連鎖。

親が知らないから教えないし、学校でも先生が知らないから教えない。

ほかに選択肢があることすら知らないで育つんだ。

親や先生から「よい学校へ行け」「よい会社に入れ」と耳にタコができるくらい言われるからすっかり洗脳されちゃう。

でも、時間って自分の人生そのものなんだよ。自分の命そのものと言ってもいい。

それだけ時間というのは、ものすごく大切なもののはずなんだ。

「時間が一番大切」と言っても言いすぎではない！

だから、ボクは自分の時間を安売りすべきじゃないと思うんだけど、そのことに気付いていない人が多いんだ。

まあ、ほとんどの人がそうだけどね。

会社に自分の時間を切り売りするということは、自分のために使える時間が減るということ。

自分のために使える時間が減るということは、自分のやりたいことができなくなるということ。

すなわち、自由がなくなるということなんだよ。

もっと言えば、**人生そのものがなくなっている**わけだよ。

働きづめで毎日睡眠5時間なんて人、時々いるよね。

その分、自由になっている人がいるんだよ。

そう！　その人の会社の社長だね。


キミは自由な生き方と不自由な生き方、どっちがいい？

4　そもそも「自由」って何なの？

じゃあ、「自由」って何か？

これは人によって考え方が違うかもしれないけれど、ボクは次のように定義している。

自由とは、「好きなことを、好きなときに、好きな人と、好きなところで、好きなだけできる」状態のこと。

すなわち、経済的な自由だけでなく、時間的な自由もある状態ということだ。

世の中、お金はたくさんあるけど忙しすぎてお金を使う時間がないという人や、お金はないけど時間はたくさんあるという人がいる。

だけど、お金と時間の両方がたくさんあってはじめて自由と言えるんじゃないかな。

キミもそう思わない？

じゃあ、どれだけのお金と時間があればいいのか？

これは人によって違うと思うけど、お金は年収１５００万円くらいは必要じゃないかと思う。

さっき出てきた平均年収1300万円よりも少し多いね。

年収10億円なんてお金がありすぎると、命を狙われたり、家族が誘拐されたりする可能性が高まるので、ありすぎるのもちょっと問題なんだけどね。

「確かに、そんな自由には憧れるけど、年収1500万円なんて、自分には無理」と思った人もいるかもしれないね。

でも、そう思い込んでいるだけで、本当はそんなことはないんだよ。

その理由については、後で説明するね。

5 もしも最愛の人が難病になってしまったら?

「自由」ってわかりにくいので、わかりやすくするために、反対の「不自由」の話もしておこう。

本当の「不自由」がわからなかったり、経験していなかったりするから、「自由」への関心が低いんだろうね。

じゃあ、「不自由」を味わうレッスンスタート。


ちょっと想像してみよう。

キミの最愛の人、たとえば親や配偶者、彼氏・彼女、子どもなどをイメージしてみて……。


その大切な人が、大変な難病になってしまったとする。

いくつも病院を回ってみたけど、どこの医者も治せないと。

余命半年とか……。つまり、死ぬ。

こうなったら、悲しいけどあきらめるしかないよね。


ところが、ある日、病院の先生たちが「あの難病、アメリカに行けば治るんだけどね～」と話しているのを、キミは偶然、聞いてしまったとしよう。

そしたら、当然、その先生に聞くよね。

「アメリカに行けば本当に治るんですか?」と。

すると、その先生は「しまった！　聞かれちゃったか……」という顔で、次のように答える。

「アメリカに行けばこの難病を長年研究している医師がいるので、治る可能性がありま す」

「えぇっ！　ホントですか！」

「ただし、治療費のほかに渡航費や滞在費も含めると、だいたい３億円くらいかかりますが……」

アメリカの治療費はメチャクチャ高いのは知ってるよね。

でも、これによってキミの心は、これまで治らないと思って完全にあきらめていたのが、３億円あれば治るということに変化する。

この心の中が１８０度ひっくり返ること、驚天動地の変化、まさにコペルニクス的転換が起こるよね。

さて、キミならどうする？

３億円は用意できるかな？

ほとんどの場合、３億円を用意することはできないだろうね。

その結果、キミは最愛の人を前にして、心の中で泣きながら「ゴメン。さようなら」と言うしかない。

これ辛くない？　悲しくない？　胸が張り裂けそうにならない？

この状態を「不自由」と言うんだよ。

お金があれば助けてあげられるのに、お金がないために助けてあげることができないなんて……。

こんな「不自由」なことはない。

こんな情けないことはないよね。

「別に、お金がなくても幸せになることはできる」と思い込んでいる人もかなりいるようだけど、お金がないと、こういうことになるんだよ。

だから、いざというときに、最愛の人の命を救えるくらいのお金はあったほうがいいと思うんだけど、キミはどうかな？

もっと身近な例にしてみようか。

自分の子どもが大学へ進みたいと言っているのに、お金がなくて行かせられない。

親と子、ともにすごく「不自由」だね。
少なくとも家族が「自由」にいられるようにするのが、キミの役割じゃないかな？
最近よく聞くのが親の介護の話。
親をちょっとマシな介護施設に入れようとすると、入所費が300万〜2000万円。
そして毎月30万〜80万円かかる。
お金がなかったら親の介護もできない。
キミはどうするの？

最近は貧しさで親と子が心中するニュースが後を絶たない。
これも「不自由」が原因。
つまり、「お金」とは「自由」を獲得するもっとも重要な手段！　ということ。
お金で99・9999……パーセントの「自由」は買えるんだよ。
さっきの病気の例でもわかったと思うんだけど、お金があると救える命もあるんだよ。
お金がないと時間も健康も失うし、もっと言えば友人との付き合いもできないでしょ。
こんなことを書くと「お前は拝金主義者か！」なんて人がいるけど、まったく違う。
まあ、読み進めてみてよ。

6 お金を稼ぐことは悪いことだって思ってない？

お金といえば、世間には「金持ちは悪いヤツに決まっている」「お金を稼ぐことは悪いことだ」とか、「お金は汚いものだ」とか思ったり、子どもたちにもそういう教育をしたりする親も多いようだけど、キミはどうだったかな？

なぜ、そういう人が多いのか。


日本は、教育の現場ではお金の話がタブーになっていたんだ。

日本は先進国の中でとっても不思議な国で、小学校・中学校・高校と進んでいくんだけど、その間「お金の授業」がなかったんだ。いま、ようやくはじまったようだけどね。

つまり、ほとんどの日本人はお金の教育を受けていないんだ。

お金が何かを知らないで育つ。

ボクはとっても重要な教育だと思うけど、お金のことを教えられる先生も少ない。


親も子どもにお金の話をしないし、逆にマイナスイメージを植えつけるケースが多い。

子どもが親にお金の話をしたら、「子どものくせにお金の話をするもんじゃない。はしたない！」って、怒る親もいたりするよね。

これ、実際に多いんだけど、「お金は汚いから触ったら手を洗いなさい！」と言う親もいる。

お金というものの本質がわからないで恐怖をもっているから、言われたことをやっていれば給料をもらえる「就職」を選択しがちになる。

「起業して稼ぐぞ！」というより、企業に雇われる道に流れやすい。

小さいときから将来はサラリーマンになると思い込んでいる子どもも多い。

キミの家ではどうだったかな？


ちなみに、アメリカをはじめ先進国では子どものころからお金の教育をきちんとやっているから、お金を稼ぐことに対する変な罪悪感のようなものがない。

テレビの海外トピックで、アメリカの幼稚園で株の取引の遊びをやっているのを見たことはないだろうか。

お金の大切さや増やし方を、遊びをとおして学ばせている。

だから、お金に対する嫌悪感など最初からないんだ。

逆に、お金を稼がなければいけないと思っている。

お金というのは、自由を手に入れるための手段でしかない。

お金≒自由	お金≒悪い、汚い
自由がほしいんだからお金を求めてよい！　豊かになれる！	間違った思い込み！貧乏神を引き寄せる！

お金に善悪はないんだよ。

お金≒自由。

でも、キミがお金に対してよいイメージをもっていなかったとしても、自由は手に入れたいでしょ？

だとしたら、お金が必要って気付くことが重要。

そして考え方を変える。

金額はキミがどんな自由を手に入れたいのかによるけど、いずれにしてもお金は必要ってことなんだよ。

キミはどんな自由を手に入れたい？

ただ1つ注意！

拝金主義者になれと言っているわけではない！

つまり、お金がたくさんあれば幸せになるわけではない。

しかし、お金がないと不幸になるのは事実。

このことは知っておいてほしい。

世の中の犯罪の大半はお金がほしくて起こっているし、離婚は大半がお金がないことが原因。

犯罪者の大半は、犯罪を起こす前にお金が潤沢にあったら、その人は犯罪を犯さない。
離婚者の大半は、離婚前にお金が潤沢にあったら、離婚はしていない。
いまの日本は、３組に１組が離婚している。
日本に貧困が広がるとともに、離婚が急激に増えているんだよ。
じゃあ、なぜ、犯罪や離婚はお金がないことが原因で起こると思う？
そう、もうわかったよね。
その人が自由を得られなかったからだよ。

だからしつこいけどもう一度言う。
お金はとても大事！
お金を得ることにこだわれ！

7 キミは一生「社畜」のままでいたいのか？

「社畜」という言葉、聞いたことあるかな？　評論家の佐高信氏が流行らせた用語だ。

社畜というのは、「会社＋家畜」からできた造語で、会社に飼いならされた家畜のようなサラリーマンを揶揄した言葉なんだけど、いまサラリーマンの多くが知らず知らずのうちに社畜にされちゃっている気がするんだよね。

自分が社畜になっていることに気付いた人は、そこから抜け出そうとするんだけど、気付かない人は一生、社畜のままで終わっちゃうんだよ。

まるで「ゆでガエル」のようにね。

ゆでガエルの話は知ってるかな？

お湯が入った鍋の中にカエルを入れると、カエルは熱くてびっくりして鍋から飛び出す。

これ、当たり前。

でも、水の入った鍋の中にカエルを入れると、カエルはおとなしく鍋の中に入っている。

そして、カエルの入った鍋を細火にかけゆっくり熱していくと、カエルは自分が火にかけられていることに気付かず、温かくなってくると気持ちよくなって眠ってしまう。結果、ゆでガエルになって死んでしまうという話。

よくできたたとえ話だ。一般的にはこの話が通用している。

でも実際には、カエルは温度が上がるほど激しく反応する。少しずつ温度が上がっていってある温度になったら、必死でもがいて脱出しようとする。

人間はどうだろう。

変化が少しずつだと、気付かないんだよ。

仮に気付いたとしても、「知恵」があるものだから、まだ何とかなると思って、そこから抜け出そうとしないんだね。

まあ、日本人全体を見てもそうだね。

劣悪な環境から脱出しようともしない。

これからのこのたとえ話の呼び方は「ゆでニンゲン」にしようか？（笑）

たとえば消費税がいい例だよ。

昔は買い物をしても、消費税なんて取られなかったんだから。

それが１９８９年に消費税が導入されて、最初は３パーセントからはじまったのが、５パーセントになり、８パーセントになり、ほら、10パーセントに……。

いきなり10パーセントからはじまっていたら……。

国民はもっと反発しただろうけど、少しずつの変化だから、国民はそれほど痛みを感じずに受け入れている。

まさにゆでニンゲン現象だよね。


もう１つ言おうか。

平和はとってもいいことなんだけど、戦後70年間の日本人の平和ボケは少し深刻かな？

日本のＧＤＰがまだ3位なので、お金持ちの国として安心しているのかな？

じゃあ、ひとり当たりのＧＤＰが世界でどのくらいか知っている？

急降下していて、いま27位なんだよ（２０１４年、ＩＭＦ統計）。

こんなに貧困問題が沸き起こって、ほとんどの人が大変な事態を迎えようとしているのに、みんな他人事、または見ないふり。


そして、サラリーマンも同じ。

知らないうちにどんどん社畜化されてしまっている。

このまま行ったら、キミはどうなってしまうのか？

社畜の末路は？

それについては次章で説明することにしよう。

第2章

このままでは大変なことになる!?

Success

1 社畜は家畜や奴隷よりも悲惨！

第1章で、多くのサラリーマンは社畜化しているという話をしたけど、ボクは社畜は家畜や奴隷よりも悲惨だと思っている。

「いやいや、いくら何でも家畜や奴隷よりはマシでしょ！」と、キミは思ったかもしれないね。

でも、よく考えてみて。

確かに、家畜や奴隷も、自由がなくて悲惨だけれども、待遇は社畜よりマシだよ。

たとえば、田舎に行くと牛や豚がトラックなどで輸送されているのをよく見かける。

でも、朝の通勤ラッシュの満員電車のような、あんなギュウギュウ詰めの状態で輸送されることはないよ。

都会のサラリーマンは、毎日あの殺人的な満員電車に耐えなきゃいけない。

家畜じゃ耐えられない。家畜は暴れる！

満員電車辛いよね。

でも、慣れちゃう。

じつは、これがすごく怖い。


奴隷も、強制的に労働をさせられて大変だけど、当時は電気がなかったから、日が暮れたら仕事は終わり。つまり、夜は休める。

それに対して、社畜は朝早くから夜遅くまで電気をフルに使って働かされている。

労働時間が長い分だけ、悲惨だというわけだよ。

しかも、日本はこれから給料やボーナスだけでなく、残業代もカットの方向に進んでいく。

間違っても、昔のような高度経済成長がやってくることはない。

将来は当然、税金は増えるし、年金もどうなるかは不透明。

だから、今後ますます社畜は悲惨な状況になっていくというわけだ。

ただ1つ有利なことを言えば、家畜や奴隷は自分の意思で環境を変えることはできないけど、社畜は自分の意思でそこから抜け出すことができるってこと。

さあ、キミはどうする？

2 結婚できない。したとしても子どもも育てられない

サラリーマンの生涯収入は3億円と言われていた時代もあったけど、いまはどんどん減ってきて、1億5０００万円から、よくて2億5０００万円と言われている。

でも、多くは手取りで1億5０００万円くらいかな。

キミはどれくらいになりそう？

仮に、手取りでの生涯収入1億5０００万円として計算してみると、子どもが2人できた場合、収支はだいたい次のようになる（東京の場合）。


〈生涯収入（手取り）〉
・1億5０００万円

子どもを２人育てるとして	
・サラリーマンの生涯収入（手取り）	１億５,０００万円
・子どもの養育費と大学卒業までの教育費	−３,０００万円
・子どもの養育費と大学卒業までの教育費	−３,０００万円
・郊外に小さなマンション購入	−４,０００万円
４３年間で使えるお金	**５,０００万円**

〈生涯支出〉

・子どもの養育費と幼稚園から大学卒業までの教育費の概算
３０００万円×２人＝６０００万円

※驚くかもしれないが、ひとり３０００万円（公立学校の場合）もかかるんだよ。

私立学校だったらもっと‼

・住居費：郊外に小さなマンションを買うとして４０００万円

この時点で残金は５０００万円だよね。

この５０００万円で、年金がもらえるまでの43年間（仮定）を生きていかなければいけないわけだから、１年間に使える金額は、５０００万円÷43＝約１１６万円。

これを12カ月で割ると、１カ月に使えるお金は９万円強。

この９万円強でほかに必要な食費・服代・交通費などを賄

わなくてはならない。


車は買える？

海外旅行に行ける？

おいしいものは食べられる？

好きな洋服は買える？

親孝行はできる？

親の介護はできる？

そして自分の老後の貯金はできる？


難しそうだよね。

居酒屋も行けそうにない。

サラリーマンの小遣いの平均は昼食代を含めてだいたい３万７０００円だそうだけど、それだけしか使えないのは、この数字を見ればわかるよね。

残りの６万円で奥さんが切り盛り。

数字を見ただけで「辛い」の文字が浮かび上がってくる。

自由はどこへ消えた？（笑）

小遣いを増やしたかったら、もっと稼ぐか、支出を減らすかのどちらかしかないんだよ。

同様に言えば、自由になりたかったら、もっと稼ぐか、支出を減らすしかない。

でも、これ以上支出を減らすことはできそうにないね。

主婦が1円でも安い店に行くのは、自由を少しずつ積み上げていくためなんだよ。


近ごろ、若者たちの間で結婚式を挙げない「なし婚」が流行っているそうだけど、これは「結婚式をしない」のではなく、「結婚式ができない」というのが実情なんだよ。

また、子どもをつくらない夫婦も増えているけど、これも夫婦2人で生活していくだけで精一杯で、子どもを育てる時間もお金もないということなんだ。

日本が少子化になるのは当然だよね。

日本人は、ある学者に言わせると、絶滅危惧種だそうだ。

このまま人口が減っていくと、５００年くらいで日本人はいなくなるそうだ！

もし、キミが将来結婚して、子どももほしいと思うのなら、いまから対策を考えておく必要があるということだね。

つまり、お金を稼げるようになるということ！

3 離婚の本当の原因は「性格の不一致」ではない

いま、３組に１組が離婚する時代。

離婚の原因の第1位といえば、「性格の不一致」と言われるよね。

でも、本当はそうじゃないんだよ。

じゃあ、何なのか？

それは「自由がないから」というものなんだ。

自由がないとは、どういうことなのか？

たとえば、結婚する前の奥さんの実家には、その家の経済力が生み出す自由があったんだ。

・娘に似合う服を買い与える
・娘に習い事をさせる
・娘に小遣いを与える
・娘にスマホ代を払ってやる

などなど。

つまり、これを結婚して失うから不自由になる。


たとえば、ほしい洋服を買ったら、「そんな無駄遣いするな」とダンナに怒られた。

「たまにはレストランで食事をしたい」と言うと、ダメだと言われる。

「もっと広いマンションに引っ越したい」と言うと、金がなくて無理だと言われる。

「子どもを私立の学校に入れてあげたい」と言うと、「そんな金どこにある」と言われる。

こういったことが「自由がない」、つまり「不自由」ということなんだ。

結局、夫婦にとって不自由ということは耐えがたいことだから、将来、離婚したくなければ、お金は必要だということなんだ。

「愛があれば、お金がなくても……」と思うのは、男の幻想。

または、何も知らないで「お嫁さんになるのが夢」だったのは、女の幻想。

現実はシビアなんだよ。


ちょっと暗い話になっちゃったけど、キミが将来、結婚して幸せな家庭を築きたいと思っているのなら、お金のことについて、いまから真剣に考えておかなければいけないということだね。

だから、キミが女性で専業主婦になりたい場合は、みてくれよりも性格がよく経済力のある男性と結婚しなさい。

キミが男性で結婚したい場合は、自分のみてくれを磨くよりも経済力をつけなさい。

もちろんこの助言は無視してもかまわないけど、人ってだいたい同じ失敗パターンをつくって、それを繰り返すんだよ。

だから3人にひとりの離婚率。

そして何度も離婚を繰り返す人も多いね。

失敗パターンの完成だ。

4　キミの仕事は、10年後には消えているかも

さらに言うと、キミの仕事だって、10年後にはこの世から消えてなくなってしまう可能性があるんだよ。

「いつまでもあると思うな親と金」というけれど、いつまでもあると思っていちゃいけないのは、親と金だけじゃなくて、仕事もそうだということなんだ。

オックスフォード大学のマイケル・A・オズボーン准教授が発表した『雇用の未来──コンピュータ化によって仕事は失われるのか』という論文によると、米国総雇用者の約47パーセントの仕事が、今後10～20年程度でコンピュータ技術によって自動化されるリスク

主な「なくなる仕事」（一部抜粋）

・銀行の融資担当者
・スポーツの審判
・ネイリスト
・集金人
・ホテルの受付係
・不動産仲介業者
・測定を行う作業員
・税務申告書作成者
・保険営業員
・コールセンターのオペレーター
・経理担当者
・銀行窓口係
・タクシー運転手
・レジ係
・小売り営業員
・医療事務員
・データ入力者

など

オックスフォード大学マイケル・A・オズボーン准教授発表論文より

が高いという。

日本でも研究されているから、インターネットで「将来なくなる仕事」で検索してみよう。

中でも、会社の中間管理職や運転手、秘書、ガソリンスタンドの店員、ＳＥなどの人が身近にいるんじゃない。要注意だね。

また、銀行の融資担当者やスポーツの審判、不動産仲介業者、レストランの案内係、保険営業員、動物のブリーダー、コールセンターのオペレーター、経理担当者、レジ係、娯楽施設の案内係などがコンピュータに取って代わられる確率が90パーセント以上といわれているんだ。

まあ、簡単に言うといまある仕事の半分が

なくなるというわけ。

こんな発表見なくても、どんどん人が要らなくなっていることに気付くよね。

たとえば、セルフのガソリンスタンド、高速道路のＥＴＣ、無人の電車、無人のホテル、居酒屋のオーダー端末、病院の無人精算機、もうすぐ無人のタクシーも走りそう。

だから、もしキミがいまやっている仕事が、近い将来コンピュータに取って代わられる可能性があるとしたら、そもそも一生その仕事で生きていくのはむずかしいということになるよね。

将来、仕事がなくなってしまってからジタバタしても遅いので、仕事のことについてもよく考えておいたほうがいいということだよ。

5 そもそもキミはサラリーマンになるために生まれてきたの？

ところで、キミは何のために生まれてきたの？

ハッキリと答えて！

キミはサラリーマンになるために生まれてきたの？

Yes or **No**

いきなりこんなことを聞かれても、わからないかもね。

じゃあ、これならどうかな？

キミはサラリーマンになるために生まれてきたの？

これだと、なんとなく「Ｎｏ」なんじゃないかな。

サラリーマンになるために生まれてきた人はいないと思うんだよね。

前にも、サラリーマンは自分の大事な人生を会社に売っていると言ったけど、キミはそんな人生を歩みたかったのかな？


子どものころには、もっと違った夢があったんじゃない？

でも、いつの間にか、その夢をあきらめたり、閉じ込めたりしてしまっている人が多いんだよ。

本当は自由に生きたいはずなのに……。

そして、その気になれば自由に生きられるのに……。


ボクからキミへ一言、プレゼントする。

・アホは部長になれない
・でも、アホは金持ちにはなれる！　自由になれる！
どう？　いい言葉でしょ。

実際にボクの周りには、低学歴・脳みそ筋肉・勉強嫌い・遊ぶの大好き・国立大学辞めちゃった・一流企業辞めちゃった、などのアホや変人がたくさんいるけど、みんな豊かで自由に人生を楽しんでるよ。

これキミの常識からしたらおかしくない？？

6 キミは働く象になっていないか？

象の調教の方法は知ってるかな？
いまはあまり使わないようだけど、昔アジアの国々などでは力仕事をさせるために象を調教していたんだ。

象がまだ小さい子どものときに、足にクサリをつけ、杭につなぐ。

そしてカギのついた調教棒で仕事の仕方を教える。

言うことを聞かないとカギで引っかけられ痛い目にあう。

そうやって調教されていくと、大きな大人の象に育っても、つながれている杭すら「抜けないんだ！　抜いたら痛い目にあう！」と思い込んでしまい、人間に従順になってしまうんだ。

つまり、痛い目にあいたくないので言うことを聞いているうちに、「自分は何もできないんだ！　してはいけないんだ！」と**制限をかけて観念して**しまう。

だから、あんなに力がある象でも細い杭すら抜けなくなってしまうのさ。


聞いたことがあるかもしれないけど、有名なノミの話も同じ。

ノミは本来2メートルくらいジャンプできるんだけど、透明のコップをかぶせてしばらく置いておくと、飛ぶたびに何度も何度も天井のガラスにぶつかる。

そのうちノミは「このくらいしか飛ばないほうがぶつからないですむ」と思い、その後コップをどけてもコップの高さ以上には飛ばなくなってしまう、というお話。

じつは人間も同じで、多くの人が働く象やノミのように観念してしまい、

「会社を辞めたら生きていけない」

「自分の思い通りになんて生きられない」

「自分はお金持ちにはなれない」

「大人の言うことを聞かないと痛い目にあう」

と思い込んでいるんだ。

キミにも本来ものすごい能力があるのに発揮できないでいるのは、この象と同じように「観念」してしまったんじゃないかな。

どうだろう？

象やノミのように制限をかけた人生になっていないだろうか？

7 赤ちゃんはすごい奇跡を起こしている！

もしキミが象やノミのように、否定的な思い込みをしてしまっているとしたら、ちょっと元気の出る話をするね。

人間の赤ちゃんってすごいって知ってた？

何がすごいって、動物の中で二足歩行ができるのは人間だけだからだよ（たまに二本足で立ち上がる動物や鳥類はいるけど)。

それで両手が使えるようになって、文明が発展していったと言われている。

それだけ二足歩行はむずかしいってことなんだけど、それを人間の赤ちゃんは平気でやってのけるんだよ。

最初は四足歩行のハイハイだったのが、つかまり立ちをするようになって、1歳くらいで歩けるようになる。

このとき、赤ちゃんは「自分は立てないかもしれない」とか「歩けないかもしれない」などとは思ってない。

「立てる」「歩ける」と信じているから、何度転んで痛い思いをしても、立ち上がろうとするんだよね。

これはキミ自身も経験してきたことだし、そういう奇跡を起こす能力はみんなもっているということなんだよ。

ところが、大人になるにつれて「あれをすると痛い」「これをすると怒られる」と考えるようになり、さらに「あれをしてはいけない。これをしていけない」と周りから言われる。

その結果、自分で自分に「制限」をかけるようになり、何もできない、チャレンジしようとしない、自分はダメ人間という「否定思考」になってしまうというわけだ。

否定思考になると、それまで我慢しなかったものを我慢するようになり、いつしか我慢することが「平気」になってしまうんだ。

そして、慢性化、つまり慣れてしまうということなんだ。

だから、無駄と思われる行動は最初からしなくなり、「無駄な努力」も「無駄な抵抗」もしなくなる。

さっきの満員電車に乗っていられる人の話がこれだね。

さらに、やる前から「どうせ無理」とあきらめてしまったり、できない理由を先に並べて、チャレンジしなくなったりする。

これがほとんどの大人が陥っている否定思考の罠なんだ。

赤ちゃんのころには制限がなく、みんな100パーセント何でもできると信じている「前向き思考」だったのにね……。

8 キミを否定思考にしたものとは

じゃあ、なぜ人は大人になるにつれて否定思考に変わってしまうのか。

キミたちを変えたのはいったい誰なのか。

それは次の３つの教育。


１つ目は親。


「そんなことするんじゃない！」

「もっと大人になりなさい！」

「そんなこと常識でしょう！」

「男のくせに……」

「女のくせに……」

「おまえはバカだね！」

こんな言葉を言われ続けた子どもは、どんどん制限をかけられて自分の価値が見えなくなり自己否定をはじめる。結果、否定思考になってしまうというわけだ。

親は子どものことを思って言ってるつもりなんだけどね。

2つ目は先生。

「制服はちゃんと着なさい」
「廊下を走ってはいけません！」
「勉強しなさい。さもないとロクな大人になれないよ！」
「授業中に喋るな！」
「女子のスカートをめくってはいけません！」

ボクたちが最初に出合うルールは幼稚園や学校がつくったもの。

もちろん、それは小さな社会なのでルールは必要なんだけど、ボクたちは知らず知らずのうちに、「ルールには従わなければいけない」という常識を植えつけられているというわけだ。

そして、このような「常識的に生きること」や「我慢」という見えない鎖は、キミの成長とともに、さらに強化されていくことになるんだ。

そう！　象の鎖のように。

3つ目は世の中の情報。

たとえば、テレビのニュースは約9割が交通事故や殺人事件、自然災害などの不幸な情報だし、週刊誌も離婚やスキャンダル、汚職、脱税など、不愉快な情報がほとんど。

なぜ、こんな情報ばかりなのかというと、ネガティブ（否定的）な情報じゃないとテレビは視聴率が取れないし、雑誌は売れないから。

ルールで縛られた人間にとっては、「他人の不幸は蜜の味」なんだよ。

要するに、自分よりも不幸な人を見つけて、「それに比べれば自分はまだマシなほうだ」と、自分で自分を納得させたいわけだね。

また、こういう人たちはテレビドラマを見て、あたかも自分が主人公になったつもりの疑似体験をすることで、自分を満足させている。

ボクはよく海外に行くけど、テレビ放送で日本ほどドラマの多い国はあまりないよ。

つまり、この国では空想の世界で完結させられ、行動しなくてもすむようになっているというわけだ。

制限の中での不満を、テレビが疑似体験させてくれることによってガス抜きしてくれているということさ。

こんな話がある。

戦後の日本でなぜテレビ放送が急がれたのかというと、敗戦国民の不満・不安のガス抜きをするため、という説明を聞いたことがある。

まだ焼け野原の跡が残る東京で「東京タワー」の建設を急いだんだ。

それは成功し、庶民はテレビの前に釘付け。

一番人気のあった番組は「日本人レスラー」力道山（百田光浩）が敵国だったアメリカのレスラーをバッタバッタとやっつけるプロレス。

ほらね、ガス抜き成功！

こんなふうにキミたちは親と学校、マスコミや国、大人たちやテレビ番組によって知らず知らずのうちに子象が調教されるように育てられてしまったんだよ。

だから大きくなっても「制限」だらけになってしまい、小さな挑戦すらしなくなってしまったんだ。

9 キミが大きな能力を発揮できるようにするには?

子象は何度も調教棒で痛い思いをしながら育った。

逃げ出そうとしても「どうせ杭は抜けないんだ!」「また痛い目にあうのはイヤだ!」と自分自身に「制限」をかけ、従順になってしまった象。

「自分には力があるんだ!」と思い出すにはどうすればいいと思う?


答えは簡単。

自由にのびのびと生きている野生の象の群れに入れてやればいい。

野生の象はどんな敵にもものおじせず、巨木すら倒す力を発揮する。

そんな姿を何度も見ているうちに、調教された象も「自分には力がある!」「怖いものなどない!」と気付くんだ。

人間も同じで、自分ができないと思っていたことが、できている人を見ると、自分もできると思うようになる。

子どものころを思い出してみて。

逆上がりとか跳び箱とか、みんなができているると、自分もマネしてできるようになったと思うんだよね。

ただ、大人になると周りには「自由に生きるんだ！」と言う人がいなくなっている。

つまり、会社に自分の時間を売らずに、好きなことをして自由に生きている人がいないから、「自由に生きることなんてできない」「無理だ」と思ってしまうんだよ。

でも、キミが知らないだけで、世の中には自由に生きている人はたくさんいるんだよ。

だから、そんな人をたくさん見れば、キミも自由に生きることができると思えるようになるはずなんだ。

ちょっと本気になれば、そんな人たちはいくらでも見つかる。

「井の中の蛙、大海を知らず」という言葉があるように、井戸の外に出てみれば、そこにはとてつもなく大きな世界が広がっているんだよ。

もちろん、狭い井戸の中でも幸福を模索しながら生きている人はいるし、それはそれでいいと思う。

でも、キミは狭い井戸の中で一生を終えるのか？

それとも、外の世界に飛び出してみるか？

キミはどうしたい？


じつは、外の世界に飛び出すことは、キミが思っているほど難しいことじゃないんだよ。

飛び出そうと思えば、いつでも飛び出せるんだ。

じゃあ、どうやって飛び出せばいいのかを説明する前に、ボクがどうやっていまの自由な生活を手に入れたのかを次章で説明することにしよう。

第3章

ボクはこうして時間を売らない生活を手に入れた

Success

1 父の疲れた姿を見てサラリーマンにはならないことを決めた！

あれは高校3年のときだったかな。

母と自分の将来について話していたときのことなんだけど、母に「お前は将来、父さんのように大きな会社に勤めるのかい？」と聞かれたんだ。

でも、ボクは就職するつもりはまったくなかったので、「お金は自分でつくるものだよ！」と答えた。

すると母が、「何を冗談言ってるの？」という表情で、笑いながらこう言ったんだ。

「おまえは偽札でもつくる気なのかい？」

もちろん、ボクが言ったのはそういう意味ではなくて、「お金は自分の頭で稼ぐものだ」という意味だったわけだけど……。

ボクの父は大企業のサラリーマンで、毎日夜の11時すぎに、とても疲れた顔をして帰ってきて、お風呂に入って寝るだけの生活だったんだ。

もちろん、それでボクたちを育ててくれたんだけど、いつも不機嫌そうに見えたので、ほとんど話をしなかった。

高度経済成長期であった当時は、いまと比べれば給料も上がっていき、生活は楽だったんだけど、自由のない辛そうな父の姿を毎日見ていて、「自分は絶対にサラリーマンにはなりたくない！」と思ったんだ。

当時、ボクは高校の写真部の部長をしていたこともあって、あわよくば写真で生きていきたいという思いもあったんだ。

多くの写真部の友だちは、当時の花形職業であったフォトグラファー（カメラマン）に憧れはもっているものの、「どうせ無理！」と決めていたようで、ボクにも「無理だよ」とおせっかいな助言をしていた。

強く思っていたわけじゃないけど、何となく写真の道へ行こうと決めていた。

幸運なことに両親は「勉強しろ！　よい大学へ入れ！」とほとんど言わなかった。

だから本当に奔放に育つことができた。

変な子だったね。

自分でもそう思う。


16歳ですぐに自動二輪（今の大型二輪）の免許を取り、オートバイを手に入れ、ひとりでどこへでも出かけて行った。

途中で故障したり、いろいろ試練はあったけど、ボクにとって、バイクは自由の象徴だったんだ。


いま、ボクが自分の時間をすべて自分のために使い、時間に縛られない生き方をしているのは、毎日朝早くから夜遅くまで、自分の時間を会社に売り渡して家族を支えてくれていた父の姿を見てきた影響だと思う。

感謝！

2 学生時代に自立して生きている人と出会う

フォトグラファーになりたかったので、まったく受験勉強はしなかったんだ。

日本大学芸術学部を受験したんだけど、残念ながら不合格になったため、和光大学経済学部に進学した。

ただ、学生時代はほとんど勉強らしい勉強はせず、学校にも行かずにアルバイトに明け暮れていた。

40種類くらいやったかな？

接客のバイトは一度もしていない。すべて技術が必要なバイトだったね。

教えてもらってすぐ実践！

平均すると、当時でも月に30万〜50万円くらいは楽に稼いでいた。

いま思うと、このときのバイトがボクにはとてもよかったと思う。

いまのバイトはあまり職種を選べないようだけど、当時は本当にいろいろなバイトがあったんだ。

だから、いろんな事業をやっているオーナーから仕事をもらうたびに、そのオーナーと直接話せる機会がたくさんあって、それがいまに生きているようなんだ。

ボクはこのとき、会社に自分の時間を売らずに、自由に生きている人をたくさん見た。

そして、こういう生き方があるということを知り、強く影響されるようになったわけだ。

「自分もこうなりたい！」と。

3 卒業式3日前に大学を退学、退路を断つ

大学4年のとき、周りのみんなが就職活動をする中で、ボクは就職しないと決めていたので就職活動にまったく関心がなかった。

そして、みんなが卒業する3日前に、ボクは退学届を大学に提出した。

バイトに明け暮れていたので単位が足らなかったのと、留年も面倒だったから。

どうせ就職しないのだから、卒業証書は必要ないと決めたんだ。

もっと言うと次年度には卒業できたんだけど、卒業証書があると弱い自分が出てきて、就職しようと思うことがあるかもしれない。

そうならないためにあえて卒業を放棄し、大卒での就職ができないように自分で自分の退路を断ったというわけだ。

だから、ボクは高卒だね。

そして、その足でボクは、アルバイトでためた70万円を使って、アメリカに渡った。

目的はビジネスのネタ探し。

まだまだ当時の日本は遅れていて、アメリカで流行っているもので日本にはないものを、日本で販売すれば儲かるんじゃないかと思ったんだよね。

いくつか「これはいい！」と思った商品はあったんだけど、輸入できるまとまったお金がなくて、最終的には日本での独占販売権を手に入れることはできなかった。

約半年間アメリカ大陸をフラフラしていた。

お金が少ないので、2日に1回はグレイハウンドという大陸横断バスで移動中に車内で夜を過ごした。

でも、このアメリカでの経験は役に立ったね。

4 借金1億3000万円で人生のどん底も経験！

渡米から半年後、日本に戻ってきたボクは、家畜以下の満員電車に乗れなくなり、すぐには社会復帰できず、電車が空いている下り方向の町でバイトを探した。そして、水道橋の東京写真専門学校の夜間校に通うことにしたんだ。

もともとフォトグラファーになりたかったからね。

しかし、周りの友人にフォトグラファーになると言うと、「フォトグラファーなんてなれるわけがない！」「機材だけで何百万円もするぞ！」「食っていけない！」と、こぞって反対された。

高校のときより強い言われ方だったね。

周りの友人は「制限」がきっと強化されていたんだね。

でも、ボクは以前からなりたかったし、何とかなると思っていたから、反対されてもフォトグラファーになるための道を選んだわけ。

結局、27歳のときに日本で最大の広告代理店の写真部に準社員として入社することができた。最初で最後の入社経験だけど、フォトグラファーなのでサラリーマンという感じではなかったね。

撮影は商品やモデルなどのスタジオ撮影からロケや報道、暗室で現象・プリントなど、本当にいろいろとやらせてもらった。

そこで経験を積んで、29歳でフリーのフォトグラファーとして独立できたんだ。

そのころプライベートで作品を出していたときの作家名が「麻雅」だったんだよ。

いま、40歳以上の人なら、ボクの写真は広告や新聞でたくさん目にしているはずだね。

だから、周りの人の意見やアドバイスは、いかにアテにならないかってこと。

もし、あのとき周りの人の意見に従って、フォトグラファーの道をあきらめていたとしたら、ボクは一生後悔しただろうね。

その後、31歳で広告代理店を設立し、従業員も雇って、撮影の仕事以外にも、パンフレットやチラシ、TV広告制作、雑誌制作などいろいろとやった。また資金もできたので、自分で考えたビジネスモデルを多数実践した。

うまくいったものもあれば、うまくいかなかったものもある。勝敗で言ったら2勝8敗くらいだと思うけど、その8敗も、ボクは「失敗した」とは思わなかったね。ただ「うまくいかなかっただけ」だと。


ただ、会社を運営していくにはお金がかかるから、ピーク時には銀行からの借金が1億3000万円まで膨れ上がったこともあった。

小さな会社だからボク個人の1億3000万円の借金ということだね。

これはキツかった。

人生のドン底を味わった時期だね。

いまみたいに自己破産を簡単に選べる時代じゃなかった。だから「借金は返す」と決めたんだ。自信はまったくなかった。

でも、挑戦ではじめた化粧品販売の代理店事業や英語教材の販売事業が当たって、借金は完済することができたんだ。

5 考え方を変えて自由を手に入れる

その後、47歳のときに、生活習慣病（成人病）予防に絶大な効果があるといわれる発明品と出合い、その事業の立ち上げに参画。自分が働かなくてもお金が入ってくる仕組みをつくったんだ。

つまり、マネジメントの世界。

そしていまは、人生のどん底時代に学んだ能力開発の実践版セミナーをたまにやったり、アメリカ最先端の心理学のトレーナー資格を取ったので、そのセミナーを開催したりしている。

儲けるというより、好きでやっているって感じかな。

あとは、海外へはよく出かける。最近はアジアが多いね。

いつもはほとんど自宅にいて、大音量で音楽を聴いたり、ギターを弾いたり、スキーの準備をしたり、釣具のメンテナンスをしたり、カメラの整理をしたり、まあだいたい遊んでいる。

冒頭で、ボクは現在「７２００日連休」だと書いたけれど、本当にそんな感じだね。

このように、ボクは自分の時間を誰かに売ることなく、自分の好きなことを、好きなときに、好きな人と、好きなところで、好きなだけできる自由を手に入れることができたわけだけど、その理由は前にも書いたように27歳のときに「考え方を変えた」から。

また、大学を中退すると決めたときに、「就職せずに生きていく」という覚悟を決めたことも大きかったと思う。

大学中退のボクでも自由を手に入れることができたのだから、キミだって本気でやれば、必ず自由を手に入れることができるはず。

では、どのように考え方を変えればいいのか？

それについては次章で詳しく説明するね。

第4章

考え方を変えれば人生が変わる！

Success

1 なぜ、考え方を変えれば人生が変わるのか？

先ほど「ボクは考え方を変えたことで自由を手に入れることができた」と書いたけど、なぜ、考え方を変えれば、自由を手に入れることができるのか、疑問に思っている人もいるんじゃないかな？

それは、こういうメカニズムなんだ。

考え方を変えれば、当然行動が変わる。
行動が変われば、当然結果が変わる。
結果が変われば、当然人生が変わる。

つまり、考え方を変えることが、すべての出発点になるということなんだよ。

後に詳しく書くけど、まずは「考え方を変えることに気付く」ということだね。

たとえば、キミがいま、「自分には自由を手に入れるのは無理だ」と考えているとしよう。

このように考えている限り、キミは永遠に「自由」という名の成功を手に入れることはできない。

理由はわかるよね?

なぜなら、「自分には無理だ」と思っている限り、自由を手に入れるための行動をしようとはしないからだ。

世の中には、「自分には無理!」、「どうせ自分なんて……」といった言葉が口癖になっている人が多い。

キミの周りにも、そんな人がいるんじゃないかな?

このような後ろ向きの考え方を、「ネガティブ・シンキング(否定思考)」と言うんだけど、このような考え方をしている限り、人生は変わらないし、どんどん不幸を呼び寄せる。

深い意味でいうと、「どうせ自分は無理」という「自分」を「自分」でつくっているということ。

考え方を変えれば、当然行動が変わる。
⇩
行動が変われば、当然結果が変わる。
⇩
結果が変われば、当然人生が変わる。

そういう人には同じような人が集まってくるんだ。

ここにも負の連鎖!!

ネガティブ集団!!

だから、人生を変えたければ、まずはネガティブ・シンキングをやめること。

そして、ポジティブ・シンキング（肯定思考）に変えることが重要なんだ。


「何でもできる」「自分も自由を手に入れられる」といったポジティブ・シンキングができるようになれば、自由を手に入れられる可能性が出てくるというわけだ。

つまり、

「できること前提で考えろ！　そして行動しろ!!」ということ。

2 ポジティブ・シンキングができるようになるには？

ところが、これまでネガティブ・シンキングで生きてきた人たちは、なかなかポジティブ・シンキングに変えることができないんだよ。

なぜかというと、前述したように、親や学校の先生や世間から、呪文のように「無理だ、無理だ」と言われ続け、強い制限をかけられているからなんだ。

ある種の洗脳だよ。

杭が抜けなくなった象のようにね。

だから、ポジティブ・シンキングができるようになるためには、まずこの制限を外す必要があるわけだ。

じゃあ、どうやって制限を外せばいいのかということだけど、まずは自分が制限をかけられているということに気付くこと。

調教されて従順になってしまった象が野生の象の中で自分の力を見つけるように、自由を手に入れている人を見て、「自由に生きることができるんだ」と気付くことだ。

ネットなどで独立している人たち、起業した人たちの交流会なんていうのがたくさん見つかると思うよ。やってみて。


そして、自分を信じること。

前述したように、どんな赤ちゃんでも二足歩行という奇跡を起こす力があるんだ。キミも赤ちゃんのとき、奇跡を起こしてきたんだよ。

よく「無限の可能性」が人にはあるなんて言われるけど、このことなんだよ。


ちょっと脱線するよ。

そもそもキミは「何歳?」って聞かれると、なんて答える?

きっと、25歳とか38歳とか答えるよね。

じゃあ、「キミの生命は何年続いている?」と聞かれたら?

ほとんど答えられないよね。

正解は40億年(一般的に生命の起源は30~40億年前といわれている)。

キミの生命は40億年のＤＮＡのリレーの上に成り立っているんだ。
つまりキミの生命の継続は40億年なんだ。
これこそ奇跡以外の何ものでもない！

キミの先祖は40億年の間に絶体絶命の危機を何度も何度も乗り越えてきたんだ。
・サルだった時代、山火事から間一髪で逃れてきたのかもしれない
・爬虫類だった時代、波にさらわれて絶体絶命だったのが、砂浜に奇跡的に流れついたのかもしれない
・魚類だった時代、体が半分食われたけど何とか生き延びることができたのかもしれない

その子孫がキミ。
だから、無限の可能性なんて、もうキミが証明していることになる。
やる気になれば、キミは何でもできるんだよ。

何か力が出てきたかな？

考え方が変わったかな?

これまでネガティブ・シンキングだった人は、これを機にポジティブ・シンキングに変えてほしい。

3 でもじつは、ポジティブ・シンキングだけでは不十分!

ネガティブ・シンキングをしている限り、成功することはできないけれど、ポジティブ・シンキングに変えたからといって、必ず成功できるとは限らないのも、残念ながら事実なんだ。

自己啓発系の人の中には「ポジティブ・シンキングをすれば成功できる」と言う人もいるけど、それは100パーセント正しいわけではない。

あくまで「成功の可能性が出てくる」というだけで、ポジティブ・シンキングができれば必ず成功できるというわけではないんだ。

じつは、ポジティブ・シンキングは成功するために最低限必要な条件であって、ほかにも必要な条件があるんだ。

じゃあ、それは何なのか？

それは可能思考。すなわち「ポッシブル・シンキング」だ。

「ポジティブ・シンキング」という言葉は聞いたことがあったとしても、「ポッシブル・シンキング」という言葉を聞いたことがある人は、意外と少ないんじゃないかな。

キミは知ってたかな？

じゃあ、ポッシブル・シンキングとはどういうものなのかについて、次で説明するね。

4 人生を変えるポッシブル・シンキングとは？

井戸に落とされたロバの話は知っているかな？

よく似た話はたくさんあるけど、ロバの話はポッシブル・シンキングを説明するのにはちょうどいいんだ。


昔々、ある村に一頭のロバがいた。

そのロバは村人のためによく働いたので、村人たちから大変かわいがられていたんだ。

ところが、そのロバも年老いて、働くことができなくなったため、村人たちはそのロバを古い井戸に落としてしまったんだ。

ロバはビックリして鳴き叫ぶ。何日も鳴き続け、その鳴き声がとってもうるさかったので、村人たちは上から土を落としてロバを埋めてしまおうとするんだ。

このままでは、ロバは生き埋めになって死んでしまう。


さて、キミがロバの立場だったら、どうする？

ちなみに、穴の深さは3メートル以上あって、ロバが自力では脱出できない状況だ。

「もはやここから脱出するのは無理だとあきらめ、無駄な抵抗をすることなく、おとなしく生き埋めになるしかない」と考えた人。

これはネガティブ・シンキングで、この先にあるのは「死」のみ。

「こんなところで死ぬのはイヤだ。何とか生き延びたい。自分は生き延びることができるはずだ。もしかして、泣いてお願いしたら多分村人たちの気が変わって、土を落とすのをやめてくれるんじゃないか。そして、自分を穴から引き上げてくれるんじゃないか」と考えた人。

これはポジティブ・シンキング。

たしかに、村人たちの気が変わったら、生き延びられる可能性はあるよね。

でも、○○してくれたら……という条件付き。

村人たちの気が変わらなかったら……。

その先に待っているのは、やっぱり「死」だ。


さっき「ポジティブ・シンキングは成功するために最低限必要な条件」と言ったのは、こういうことだったんだ。

そこで、ロバが生き延びるためには、「ポッシブル・シンキング」が必要なわけだけど、これは「どうすれば生き延びることができるのか?」という手段を、頭フル回転で考えること。

いま、ロバに求められているのは、この考え方なんだよね。

じゃあ、深い穴の下にいて、上から土が落とされてくるという状況の中で、ロバはどうすれば生き延びることができるのか？

ちょっと考えてみて。

キミがロバならどうする。答えは見つかったかな？

正解はこうだ。

土が落ちてくるたびに、体をブルブルさせて、体にかかった土を払い落とし、その土を踏み固める。

それを何度も繰り返していけば、自分は土に埋まることはなく、さらに足元の地面もどんどん高くなっていくので、そのうち穴から飛び出すことができるというわけだよ。

これがポッシブル・シンキング。

答えは1つとは限らない。

いろいろなアイディアが浮かんでくる。その中の最適なものを選ぶ！

よく映画にも絶体絶命の状況から脱出するストーリーってあるよね。

あれこそポッシブル・シンキング。絶対に諦めない！

このとき脳は超覚醒しているんだ。この超覚醒がものすごく大事。

これができるようになると、人生は大きく変わる。

ロバの話でいうと、それまで自分を埋め殺そうとしていた土が、自分が助かるための救済の存在に変わったわけだ。

ロバの中で、まさにパラダイムシフト（物の見方や捉え方が革命的に変化すること）が起こったんだよ。

「もっともっと土を落としてくれ！」


人生を変えるには、このパラダイムシフトが大事なんだよ。

これまで「無理だ」と思っていたのが、「できる」↓「できないわけがない！」と思えるようになる。

この脳みその超覚醒。

それがポッシブル・シンキングのパワーなんだ。


ポッシブル・シンキングは、一朝一夕にできるようになるものじゃないけど、訓練すれば身に付けることができる。

だから、自分の人生を変えたければ、今日からポッシブル・シンキングで物事を考えるクセをつけること。

収入を増やしたければ、どうすればもっと収入を増やすことができるのか？

会社を辞めたければ、どうすれば会社を辞めても生きていけるのか？

絶対にどこかに突破口があるはず！　そして必ずある！

このようにポッシブル・シンキングで考えるクセをつけると、本当に人生が楽しく変わるから、ぜひ今日から実践してみてほしい。

また1つ言葉のプレゼント。

貧乏人思考：「どうして○○できないんだろう？」と考える。

成功者思考：「どうしたら○○できるんだろう？」と考える。

この2つの文はよく似ているけどまったく違うんだよ！

成功者思考の言葉を口癖にしよう！

そしてポッシブル・シンキングを身に付けよう！

5 キミはどうなりたいの？

よい大学に行けば、よい会社に入れる。
よい会社に入れば、給料が高く安定するから幸せになれる。
だから、よい大学、よい会社に入りなさい。
これって1960～1980年代の発想。

親からこのように言われてきた人って、まだまだ結構多いんだよね。
親にもこの日本の危機的状況が見えていない人がかなりいる。
昔から「よい大学に入れ！」「よい会社に入れ！」「公務員になれ！」と連呼される。
だから、大学に合格することや、企業に就職することがゴールになってしまっていて、
会社に入った途端に、人生の目的を見失ってしまう人が多いんだよ。

キミはどう？

いま、「こうなりたい」とか、「こんなことがしたい」とか、「こんな人生を送りたい」といった人生の目的はある？
前にも書いたけど、キミはサラリーマンになるために生まれてきたの？
そうじゃないよね？
キミの人生の目的は？
と聞かれて答えられるかな？

じつは、これがすべての出発点なんだ。

ここ、大変重要！

人生はよく航海にたとえられるけど、目的地がないと船が大海原で漂流してしまうように、人生も目的がないと漂流してしまうんだ。

海図もある、コンパスもある、さらにナビゲーションもある状況だって、行先（目的）が決まっていなければ船は燃料が尽きて、しまいには沈んでしまう。

世の中の人は実際に漂流している人が多いんだけど、日本は物質的には豊かで、目的がなくても生きていけるから、自分が漂流していることに気付かないんだよ。

目的をもつことがどれほど重要なのか？

ちょっとキミが驚く話をもう少ししよう。


じつは人間は2種類しかいない、ということ。


一方は、自分の人生の目的、事業などのやりたい目的をもっている人間。

もう一方は、自分の人生の目的がわからない、やりたいことなどない人間。

といった2種類。

人は必ずこのどちらかに入る。

日本には約400万社もの会社があるそうだけど、共通のことがあるんだ。

それはその社長たち全員が何らかの目的をもっているということ。

そう！　社長は必ず目的をもっているんだ。

それに反して目的をもたないで生きている人。

この人たちは目的のある人に、自分の人生を売って生きている人たちなんだ。

つまり、就職して時間を売るということ。


だから自由がない。

だから貧しい。

だから時間がない。


つまり、自分の目的のために人の人生（時間）を買う人と、生きていく人生を送るために、人に人生（時間）を売る人。

この2種類しかいないんだよ。

あと、どちらにも属さない人がいるとしたら、山奥とか無人島で自給自足で生きている人。

だから、

人生を豊かにするためには絶対に「目的」が必要なんだよ！

もしいま、キミが豊かに自由になりたいと思っていて、でもまだ、キミが人生の目的が決まっていないとしたら、まず最初にやることは暫定的でいいから目的を決めること、夢を見つけることだ。

そこからの逆算をはじめるわけだ。

これがないと、考え方を変えても変化ははじまらないからね。

もしかすると、いまのキミは自分の人生の目的や、やりたいことがわからないかもしれない。

じつはキミだけではなくて、日本人の大部分は自分の人生の目的、生まれてきた意義なんて考えていないし、やりたいこともわからない。

でも、大丈夫。

いまはなんとなく自分の行きたい方向、おぼろげに思っている夢があればいい。

それが目的。

キミの人生の目的または夢は？

ハッキリしていなくていいんだ。

とりあえずの方向をボンヤリ決めればいい。

経済の自由、時間の自由を得るとともにだんだんハッキリしてくるから。


目的は後から変えたっていい。

とにかく目的を決めることが重要!!

6 目的と目標とルーティンワーク

ちょっと間違いやすいので、ここで目的と目標の違いについて説明しておこう。

目的というのは最終的なゴールのことで、船の航海でいえば「東京からロサンゼルスに行く」といった場合、ロサンゼルスが目的ということだ。

つまり、ロサンゼルスに到着したら目的の達成、航海の成功、ということだ。

一方、目標というのは、目的を達成するまでの途中にある標《しるべ》となるもの。

航海でいえば、ロサンゼルスに行くために、まずは途中にあるハワイを目指すといったことだね。

そこで少し観光をしたり、休んだり。船は食料や水・燃料を補給したり。

つまり、目的はロサンゼルスでも、最初の目標はハワイということだね。

だからまずはハワイを目指すということ。

駅などの階段の踊り場もそうなんだ。

みんな気付いていないと思うけど、これ心理的な目標なんだよ。

たとえば１００段の長い階段を一気に上まで行くのは辛いけど、途中に踊り場があれば、まずはそこまで上がろうと思えるよね。一時的に気分が安らぐんだ。

踊り場は、小休止や転落を防ぐためなどにつくられていて、長い階段でもお年寄りが上がって行ける。

これが目標を設定する意味なんだよ。


人生も同じ。

まず目的があって、その目的から逆算して、何歳までにどこまで行くという目標をいくつか設定する。

富士山に登るという目的にしても、三合目で休憩、六合目で昼食、八合目で休憩とか、目標を決めて登るよね。一気に頂上まで行ける人はあまりいない。

キミの目標が決まったら、その目標をさらに細分化し、毎日やるべきことを決める。

・たとえば「5年後どうなっていたいか」の達成目標・達成金額の計画を立てる
・それを5で割り、1年後の達成すべき目標を立てる
・それを12で割り、1カ月後の達成すべき目標を立てる
・それを4で割り、1週間後の達成すべき目標を立てる
・それを7で割り、1日の達成すべき目標を立てる
・その1日の目標達成を可能にする行動時間を決める
・あとはそのとおりに行動する

この計画が立てられる人が少ないんだね。

この自分のやるべき決まった行動を毎日の時間割りに落とし込み、決まった手順ですることを「ルーティンワーク」という。

この「目的」と「目標」と「ルーティンワーク」が設定できれば、あとは毎日、ルーティンワークをこなしていくだけで、いつの間にか目的地に到達しているというわけ。

だから、成功なんてそんなにむずかしいことではないんだよ。

毎日少しずつやっていたら、いつの間にか成功していた。

これって山登りとまったく同じ。

まず「この山に登ろう」と決めるから登るんだよね。

何も決めないで気が付いたら山頂にいた、なんてことは起こらない。

そして山は一歩一歩登って行けば（ルーティンワーク）、必ず頂上に着くよね。

でも、気があせっている人や、登り方を知らない人は、走ったり、「三段跳びー！」とかで登ったりするから、途中で疲れて挫折してしまうんだ。


コツは少しずつでいいから、とにかく最初の目標まで続けること。

そして全目標をクリアしたら目的に到達しているというわけさ。


だから、目標を決めたら、それをルーティンワークにまで落とし込むことが重要で、これが人生の目的を達成する重要なポイントなんだよ。


キミがサラリーマンで忙しいとしたら、1日1時間、自由になるための行動をしよう。

1日1時間でも成功できてしまうんだよ。

無駄な時間を捨てて1日1時間を捻出しよう。

本当にこれだけでいいんだよ！

この「少しずつ」のコツがわからない人が多いんだ。

7　1日1パーセント努力する人と怠ける人の差は、1年で1260倍！

さて、ルーティンワークの話をしたけど、キミはいま、自由を手に入れるために、毎日少しでもいいから何らかの努力をしているかな？

おそらく会社の仕事が忙しすぎて、ほとんど何もしていないと思うんだけど、とはいえ、成功したければ、何らかの努力は必要なのはわかるよね。

いまのままじゃ、いつまでたっても社長に人生を買われる生活から抜け出せないからね。

じゃあ、キミは将来の成功のために、毎日どれくらいの時間だったら捻出することができるかな？

1時間？　2時間？　3時間？

1日1パーセント努力する＝1.01
　これを365日続ける ⇨ 1.01の365乗＝**37.8**

1日1パーセント怠ける　＝0.99
　これを365日続ける ⇨ 0.99の365乗＝**0.03**

37.8÷0.03＝1260

1260倍！

多くの人は「自由になる」「成功する」ためにはものすごく時間を費やし、努力しないといけないと思い込んでいる。

じつは、そんなことはまったく不必要。

どうだろう、1日に10分や15分くらいなら時間を捻出することができるんじゃないかな。

この1日に1パーセント努力する人と、1パーセント怠ける人では、1年後に1260倍の差がついてしまうんだ。

つまり成功への入口は、1パーセントの努力を毎日続けることからはじめればいい。

1日の起きている時間の1パーセントというと、だいたい10分くらいなんだけど、この10分の努力を将来のために365日続けたとすると――。

1・01の365乗＝37・8

一方、1日10分、将来のためにならないことを365日間続けたとすると――。

例：ゲーム、テレビドラマなど。

0・99の365乗＝0・03

そして、この両者を使って割り算すると――。

37・8÷0・03＝1260

つまり、1260倍の差がつくというわけだよ。

たった1パーセント（1日10分）の努力を毎日続ける人と、1パーセントサボる人は、1年でこんなに差がつくんだから、コツコツのルーティンワークの力は大きいと思わない？

「継続は力なり」って言うけど、あれは真実だね。

1日10分くらいなら、できそうな気がしてきたかな？

想像してみて。
毎日10分、英会話を勉強したら1年後にはかなり話せるようになっていないかい？
じゃあ、1日に1時間＝60分やったら？
これはすごい数字になるよね！
毎日少しずつというのはすごい力を秘めているんだよ。

8 夢が見つからない？

「1日10分の努力で大きな差がつくことはわかったけれど、肝心の夢や目的がないんです」という人も多いのでは？

いまの生活には満足していないけど、かといって「何がしたいの？」とか「どうなりたいの？」、「人生の目的は何？」って聞かれると、「わからない」という人が結構多いんだよね。

日本はずーっと平和だから目的とか夢とかがなくても食べて生きていくことができたんだ。

そこに大きな落とし穴。

日本が不況になってきて、本当は何かしなくてはならないと思っていても、目的のもち方すら忘れてしまったから、何をしていいのかがわからない。


キミはどう？

夢はある？

人生の目的は見つかった？

でも、まだ見つかってなかったとしても大丈夫！

夢とか目的とかいうと、大きくなければいけないと思っている人が多いんだけど、別に大きくなくていいんだよ。

最初は小さな夢や小さな目的でＯＫなんだ。

小さくてもいいから何か見つかれば、そのうちどんどん大きくなっていくから。

雪だるまをつくったことがある人ならわかると思うんだけど、雪だるまって最初は野球のボールくらいの小さな雪の玉だよね。

それを雪の上で転がしていくうちに、周りに雪がどんどんくっついて大きな玉になっていくでしょ。

夢や目的も雪だるまと一緒。

最初は小さくてもいいから、とにかく夢や目的をもつことがすごく大事なんだ。

「年収1000万円になりたい」とか、「年に1回は海外旅行に行きたい」とか、「結婚して幸せに暮らしたい」とか、個人的な目的でもかまわないし、目的が途中で変わってもいい。

極端かもしれないけど、自分には夢や目的がどうしても思い浮かばない人。

その人はこんな目的がいいかもしれない。

「私には夢も目的もない、ただ一生苦しまないで過ごせるお金がほしい」

これも立派な目的。

それでもどうしても自分の目的を決めたいと思った人は「絶対にやりたくないこと」

「絶対になりたくない状態」を書き出してみるといい。

フルイにかけられた目的が少し見えてくるはず。


さっき人生と登山はよく似ていると言ったね。

たとえば登山に興味をもった人が、槍ケ岳（むずかしい山で有名）に登ることを目的にしたとしても、いきなりは無理で、用具も何を揃えればいいのかサッパリわからないと思う。

そんなときは小さな目標の設定。

東京の人だったら「とりあえず高尾山に登ってみよう」と決めれば、これが目標。

そこで登山の楽しさを知ったり、詳しい人から教わったりしているうちに、もう少し高い山に挑戦できるようになってくる。

だから次の目標はもう少しむずかしい山に登るし、装備も揃ってくる。

だいぶわかってきたら槍ケ岳に挑戦、そして山頂に立って充実感に浸る。

これが目的の達成。

つまり、これが成功。


本当にどんな小さなことでもいいから、まずは夢や目的をもつこと。

何度も言うけど、これがすべてのはじまりだから。


小さな達成も成功。

大きな達成も成功。

成功に優劣なんかない!!

9 人生を変える「3K」とは？

夢や目的が見つかったら、それに向かって人生の舵を切るわけだけど、人生を変えるには「3つのK」が必要なんだ。

3Kといっても3K労働（キツイ、汚い、危険）の3Kじゃないよ。

ボクがつくった成功への3つのKとは**「気付く」「決める」「行動する」**で、順番もこのとおり。

本当は5K「興味をもつ」「気付く」「決める」「行動する」「継続する」なんだけど、最初は3Kでいいよ。

まず1つ目の**「気付く」**だけど、これは事の重大さに気付くこと。

「このままではまずい！　大変なことになる！」「いまのままだと必ず不幸になる！」と気付くから、人生を変えようと思うわけだよ。

恐怖からのモチベーションだね。

いまの世の中はどんどん貧困が広がっているけど、たとえば、それに気付けるかどうかということだね。

オレの会社はブラック企業で「このままではオレは使い捨てされてしまう」と気付けるかどうか……。

逆に、気付かなければ、前述した「ゆでガエル」のようになってしまうからね。

ちなみに、この本をここまで読んでくれたキミは、すでに「このままではまずい」ということに気付いていると思うから、1つ目のKはクリアしたと言っていいだろう。


それともう一方に発展的な気付きもある。

たとえば、「これは大ヒットする商品になる」「これは儲かりそうだ」といったこと。

これに気付ければ、1つ目のKはクリアだ。

次に2つ目の**「決める」**だけど、これは本気で「自分の人生を変える」と決心すること。
コミットメントなんて言うね。

さっきの恐怖の気付きの例で言えば、

「このままではダメだ、人生を変えなければ！　よし、稼ぐために行動しよう！」

と決めるわけだ。

もう1つの発展的なほうは、

「これは儲かる！　すぐに事業化しよう。よし、会社をつくろう！」

と決めるわけ。


ところが、多くの人はこの「決める」がなかなかできないんだよ。

人生を変えたいと思ってはいるけど、なかなか決心できなかったり、人生を変えるために何かをやると決めたはずなのに、三日坊主で終わってしまったりというケースが非常に多いんだ。


これはもう、覚悟を決めるしかないんだけど、正直、覚悟を決めても揺らいでしまうこともあるよね。

だけど、「自分はダメだ」と思わないで！

決めることはむずかしいことなんだから。

じゃあ、どうすれば「決める」のステップをクリアすることができるのか？

それは、**何度も決め直すこと**だよ。

一度決めてやってみたけど、三日坊主でやめてしまったとするよね。

でも、もう一度やると決めて、そこからまたはじめればいいんだよ。

途中であきらめてやめてしまうから、人生が変わらないのであって、あきらめずに何度も決め直していけば、ずっと続いていくわけ。

三日坊主も続ければ、三日坊主じゃなくなるわけだ。

禁煙だって1回でできた人は少なくて、「何回か挑戦していたら、もう10年吸っていません」なんて人がほとんどだね。

あと1つアドバイス。

決めるんだけど、なかなか行動しない人が多いね。

それはなぜかというと「忘れてしまう」から。

そう！　決めたことを忘れてしまうんだ。

なぜ？

それはたいがいは無理して決めたことだから。

当然、関心が低い。

すぐに目標や、やるべきことを忘れてしまうんだ。

頭から飛んじゃうんだね。

それを防ぐには紙に大きく書き出して目に付くところに貼っておく。

そして声に出して読む。

よく自己啓発のセミナーや本などに書いてあるけど、これは思い出すためと、潜在意識に刷り込むために勧められている。

有効だから試してみて。

あと、毎日自分で決めたメッセージを、自分にメールしてくれる便利なアプリもあるよ。

これも強制的に思い出させてくれる。

これで「決める」のステップはクリアだね。

人生を変える3K

「気付く」⇨「決める」⇨「行動する」

最後に3つ目の**「行動する」**だけど、これは決めたことを「やる」ということ。

気付くことや決めることも大事なんだけど、結局は行動しないと何も変わらないんだ。

どんなに立派な夢をかかげたとしても、どんなに強く人生を変えたいと思ったとしても、行動しなければ何も変わらないんだよ。

ボクの友人に、いつも「宝くじ、当たらないかなあ～」と言ってる人がいたんだけど、ボクが「ところで、宝くじは買ったの？」と聞くと、「いや、買ってない」と言うんだよ。

買わなきゃ、当たらないよね。

「買う」という行動をしないと当たるわけがない。

これは余談なんだけど、こういう人は行動をしないでいろいろなものをほしがる。

これを貧乏人の思考というんだ。

たとえば、

・お金はほしい↓でも行動するのはイヤ

・お金はほしい↓でも学ぶのはイヤ

・お金はほしい↓でも遊ぶ時間が減るのはイヤ

これぞ輝かしい貧乏人の発想!!　貧乏人にまっしぐら！

行動しなければ、現実は変わらないんだよ。

この宝くじの人は絶対に成功なんかしないし、豊かな人生は無理でしょうね。

じゃあ、人生を変えるために、どんな行動をすればいいのか？

それについては次章で紹介することにしよう。

第5章

成功するために
いますぐやるべき12のこと

Success

1 「しごと」と言うとき「仕事」の文字をイメージしない

では、人生を変えるための行動について紹介しよう。


1つ目は、「しごと」という言葉に対する意識を変えることだ。

「しごと」という言葉を漢字で書くとどうなるかな？

いま、「仕事」と書いた人。

漢字の書き取りテストなら正解！

でも、こう書いている限り、キミが自由を手に入れられる可能性は低い。

なぜなら、仕事の「仕」には「主人に仕える」という意味があるからだよ。

要するに、「仕事」と漢字で書くたびに、「自分は会社に仕えている」「会社に仕えるのが当たり前」という意識が、潜在意識の中に刷り込まれていってしまうわけだよ。


潜在意識って多分キミも聞いたことがあると思う。

この潜在意識については、ものすごく深く難解な説明を膨大な時間をかけて説明しなくてはいけないので本書ではしないよ。

まあ、簡単に言うと「人の行動の原動力になっている意識」。

ここに「つかえること・仕える事・仕事」というメッセージが入ると「仕える」ための原動力が働く。だから「仕える」しかできなくなって自由なんか求められなくなる。

日本のサラリーマンや公務員はまさにそうだね。

この人たちがやっているのは「仕事」。この場合この意味は正しい。

みんな会社や国に仕えている。会社や国に人生を捧げてしまっているといってもいいかもしれない。

サービス残業なんかは、まさにその典型だよね。

「仕事」が刷り込まれた潜在意識は会社や国に仕える方向に、キミの行動を導く。

「仕える」意識が体に染みついてしまうと、簡単には抜け出せなくなってしまう。

だから、そうなる前に、「しごと」という言葉に対する意識を変えておかなきゃいけないんだ。

ちなみに、英語での「しごと」という言葉「Work・Job・Business」には、「仕える」という意味はないんだよ。

だから、アメリカ人やイギリス人には「会社に仕えている」という意識はほとんどない。「オレが会社の一部分を受けもっている」って感じ。だから、プライドをもっている人が多いね。

時間になったらサッサと帰るし、サービス残業なんてありえない。

アメリカなんかは家に帰って副業に精を出している人もかなり多いんだよ。

みんな自分の時間や人生を大切にしているんだ。

だから、キミも自由を手に入れたかったら、自分で稼げるように体質を変えていかなければならないね。

・会社の収入＋他の収入をつくる

・会社を辞めて起業する

そのとき「仕事」という文字はとっても邪魔でキミを「仕える」仕事に引き戻す。

だから、会社に仕えているという意識をなくすために、今日から「しごと」を「仕事」

と思い描くのはやめにしよう。

とはいえ、人に見られる文章では「仕事」と書かないと間違っていると思われてしまうから、その場合は「仕事」と書くにしても、心の中ではほかの漢字に変換するようにしよう。

会話の中の「しごと」も頭の中で描く漢字は、「仕事」は消してほかの字を描く。

漢字は「仕事」以外であれば、自分のしっくりくるものでＯＫ。

会社を辞め独立するための「しごと」は、自分のためにするものだという考え方なら「私事」だろうし、「しごと」は志をもってするものだという考え方なら「志事」。

「しごと」は自分の夢や人生の目的に至るためにするものという考え方なら「至事」がいいと思う。

これは年齢とともに変えていくといい。

ボクなんかは、20歳台は「私事」、30歳台は「志事」、40歳台は会社の成功へ「至事」、50歳台は蓄財したものを使う「使事」と決め、最終的にはカッコよく死ぬために「史事」をして「死事」の準備をする。

しごと＝

×　仕事

○　私事、志事、至事、使事

だから脳に「仕事」という文字は絶対に浮かばない。

とにかく「しごと」を「仕事」と思い描かない。

だから本書のタイトルは『だったら「仕事」やめちゃえばぁ…!?』にしたの。

小さなことだけど、こういうところから意識を変えることが重要。


ちなみに、潜在意識は目標達成や夢の実現に向けた使い方もあるんだけど、それはまだ知らなくても大丈夫だよ。

知らなくても達成できるし、もっと高みに向かいたくなったときに学べばいい。

成功心理学や成功哲学の世界はかなり深くて、潜在意識もとても面白い世界だけど、それを勉強しただけじゃ成功しない。

何百万円を成功実現セミナーに使おうと、何十冊の自己啓発本を読もうと、それだけじゃ成功なんかしないよ。

そこで行動に落とし込むことに気付いて、実践ができた人だけが成果を出している。

よくボクのセミナーで、自己啓発オタクみたいな人で潜在意識のことをしつこく聞いてくる人がいたけど、知識ばっかり追っかけていて行動しないから、成功は全然していない。

潜在意識は使ってナンボだよ。
潜在意識は使えれば便利。
でも、使えなくても成功できるよ。

2 サービス残業は絶対にしない

キミはいま、サービス残業をしてる？
もし、してるとしたら、すぐにやめたほうがいいよ。
なぜなら、サービス残業をしている限り、いつまでたっても「会社に仕えている」「会社に自分の時間を捧げている」という意識が抜けないからだ。

もちろん、意識の問題だけじゃないよ。

何度も言ってきたように、自分の時間は、自分のために使ったほうがいいからだよ。

本来であれば、就業時間以外はすべて自分の将来のために使ったほうがいいんだけれど、どうしても残業しなければいけないときもあるよね。

そういうときでも、きちんと残業代が出る残業だけをすると決めておいてほしい。


さっきも書いたけど、自分の時間を大切にしている欧米人には、サービス残業という発想がない。

先進国の中でサービス残業がまかり通っているのは、おそらく日本くらいなものだよ。

高度経済成長期の日本であれば、会社に人生を捧げても、金銭的な見返りはあったし、退職金もたくさん出たから、会社に人生を捧げる生き方もアリだったと思うけど……。

でも、いまは給料は上がらないし、退職金もどうなるかわからない。そんな中で、サービス残業をしてまで会社に忠誠を尽くす必要はないと思うけど、どうだろう？

たぶん本書をここまで読んできた人にはいないと思うけど、もしも「ブラック企業でも働かせてもらうことで給料を頂いている」と考える人がいた場合は、そのままその企業で勤めるほうがいいかもね。それも人生の選択だし否定することでもない。だからその人には本書は不要。

キミが勤めている会社のよしあしを判断する方法があるよ。

そう！　サービス残業が当たり前の会社がよくない会社。

たくさんの社長を敵にするかもしれないけど、本当のことを言っておくね。

労働基準法っていう法律があるのは知っているよね。

そこに法定労働時間という取り決めがある。

「1日に8時間。従業員をこれ以上働かせてはいけません」とあるんだ（残業については別の協定項目があるので違法ではないよ）。

でもね。

そもそもこの法律よ～～く考えていくと、企業は8時間労働で収益を出さなくてはいけないということだよね。

つまり、社員にサービス残業をさせなければやっていけない会社は、本来であればとっくに倒産しているんだよ（もしそうでない場合は強欲な社長なんだろうね）。

だから、そういう会社からは早めに逃げ出したほうがいい。

どういうことかというと、8時間労働で収益をあげられない能力のない人が社長をやっているということだよ。


ダメな社長のために、自分の人生を犠牲にする必要なんかない。

サービス残業をしている時間があったら、もっと自分の将来のために時間を使おう！

3 人のために生きるのをやめ、自分のために生きる

キミはどうしていまの会社に入ったの？

もちろん自分で選んで入った会社なんだろうけど、いまの仕事は、本当にキミがやりたかったことなのかな？

おそらくそうじゃないんじゃないかな。

じつは、親のために生きている人が結構多いんだよ。

この会社に入れば、親が喜ぶから。

この仕事をしていれば、親が安心するから。

そんな理由で会社や仕事を選んでいる人って、意外に多いんだよ。

キミはどう？

自分の人生、自分のために生きているって言えるかな？


もちろん、親のために生きる生き方を否定するわけじゃないよ。

でも、もしキミがいまの生活に不満があって、自分の人生を自分のものにしたいと本気で願うのなら、そろそろ親のために生きるのをやめたらどうかな。

「いや、私は親孝行がしたいんです」という声が聞こえてきそうだけど、まったくダメ。

一番の親孝行は子どもが自分で豊かに暮らすこと。それで親を安心させること。

子どもが苦しんでいるのを親が見たいわけない。喜ぶわけがない。

仮にキミが貧乏サラリーマンでやっと貯めたお金で親を旅行に連れて行くとしよう。

話としては美しいけど親は心苦しいだけでうれしくなんかない。

これ、勘違いしている人が多すぎる！

親孝行旅行は豊かになってから連れて行け！　これボクの考え方。

ボクも2人の息子がいるから親の立場の気持ちがわかるけど、子どもには親のためになんて生きてほしくないよ。

子どもには自分のために生きてほしい。

そして、豊かに幸せになってほしい。


そろそろ親の呪縛から、自分を解放してあげてもいいんじゃないかな。

自分の人生なんだから、自分のために生きようよ！

4 自分で自分に許可を与える

許可というと、「人から与えてもらうもの」と思っている人が多いんじゃないかな？

キミたちが何かをしたいと思ったとき、家では親だったり、学校では先生だったり、会社では上司だったり、いつも許可をもらわなければいけない存在がいたからね。

だから、キミたちは許可をもらうことに慣れてしまっていて、自分で自分に許可を出すといってもピンと来ないかもしれないね。

じゃあ、自分で自分に許可を出すとは、どういうことなのか？

それは「自分で自分の存在を認める」ということ。

自己承認することだね。

「私は私のままでよい」と認めること。

「私は自由に生きてよい」と認めること。

すなわち、自分で自分に許可を出して責任を取るということだよ。

だから、これまで自分で自分に許可を出したことのない人にとっては、自分で許可を出

自分で自分に許可を出す練習をする！

- 私は私のままでよい！
- 私は自由に生きてよい！
- 私の主は私！

常に自分に許可を出せるようにしよう。

すのは少し怖いことかもしれないね。

だって、何かあったら、自分で責任を取らなきゃいけないから。

でも、よく考えてみて。

子どものころならいざ知らず、大人になったいま、たとえば親の勧めに従って入った会社だからといって、その会社が倒産したとしても、親は責任の取りようがないよね。

親のせいにしたって問題は解決しないわけで、結局は自分で何とかするしかないんだよ。

つまり、自分の身に起こる問題は、どんなことでも最終的には自分で何とかしなきゃいけないということ。

そう！　大人になったらすべては自己責任！

だとしたら、何でも自分で決めたほうがいいと思わない？

自分の人生なんだから、自分の好きなように生きたほうがいいと思わない？

自分の人生なんだから、好きに生きていいんだよ！

覚悟さえ決めれば、自分で自分に許可を出せるようになるはずだけど、不安な人は、小さなことから自分で自分に許可を出す練習をしていくといいんじゃないかな。

たとえば、これまでずっと我慢していてほしかったちょっと高価なモノを買うとか、何か新しいことをはじめるといったことを、誰にも相談せずに、自分で自分に許可を出す。

ずっと高くて食べられなかったような重を食べてみる。

ほしかったブランドのペンを買ってみる。

まずやってみて。

自分に許可を出せるとドーンと拡張する自分を実感するよ。

そして普段から自分で自分に許可を与えられるようになれば、人生楽しくなると思うよ。

つまり、

自分で責任が取れるということ＝自由

自由＝自己責任

ということ。

5 行列には並ばない

ボクの会社の近くに、毎日早朝からすごく長い行列ができる自家製パンが売りのレストランがあるんだけど、その行列を見るたびにボクは思うんだよね。

「なんで～～！　パン食べるのに意味不明」「本当に自分でおいしいと思って並んでるのかな～？」「時間がもったいなくないのかな～？」って。

死ぬほどパンが好きな人がいるのかもしれないけど、そもそもボクは行列に並ぶことはしない。

行列に並んでいる時間があったら、もっと自分のためになることをしたほうがよっぽどいいと思うんだけど、世の中には行列に並ぶのが好きな人も多いよね。

心理学的に言うと、この人たち成功しないタイプ。

キミはどう？

行列に並ぶのは好き？

行列ができていたら、ついつい並んじゃうほうかな？

でも、もしキミが成功したいなら、行列に並んで時間を無駄にすることはやめたほうがいいよ。

また、行列ができているからといって「ウマイ店」「評判のよい店」と判断しないほうがいいよ。

判断は人の評価ではなく、自分でするクセをつけよう。

行列に並ぶ人の多くは、人の評価で動く人で「自分を生きていない人たち」なんだよ。

だからその体質では成功しない。

日本人に多い、ある種の体質だね。

そしてじつは、行列には2種類あって、目に見える行列と目に見えない行列があるんだ。

目に見える行列というのは、いま言った飲食店などでよく見かける行列。

これはわかりやすいから、意識して並ばないようにすることはできるよね。

ちなみにボクもいろいろ聞いてみたけど、成功者と呼ばれる人で、行列に並ぶ人はまずいないんだよ。

成功者がもしその店に入りたい場合は、時間が自由だから混む時間をずらして、空いているときに行く。

またはそのシェフを自宅に呼んで料理をつくってもらう。

どちらにしても並ばない。

ボクも時間が自由だから昼食や旅行には混雑を避けて行く。いつも空いている。

だから日曜日の高速道路渋滞ってよくニュースで言っているけどボクは未体験。

お正月やお盆に海外旅行。

無駄に高いお金払って大混雑で、ご苦労さん。

時間に自由がないからしょうがないんだろうね。

そしてやっかいなのはもう一方の目に見えない行列。

たとえば、社内の出世競争。サラリーマンはみんな会社に入った瞬間から、出世競争という目に見えない行列に並ばされているんだよ。

でも、よく見てね。

その行列の先頭に、キミの望む生活はありそう?

仮にあったとして、そこまで行くのにどれくらい時間がかかりそうかな?

じつは、会社でがんばって部長になるより、起業してお金持ちになるほうがずっと簡単なんだよ。

だから、キミが自由で豊かな生活を手に入れたいなら、いつまでも行列に並んでいちゃダメなんだ。

行列から抜け出すなら、早ければ早いほうがいいよ。

6 ゲームをやめ、テレビも見ない。本物の人生ゲームをはじめよう!

ゲームっていろいろあるね。パソコン、スマホ、ゲームセンター、パチンコもそうかもしれない。

キミは1日にどれくらいゲームをやってる？

テレビは何時間くらい見てる？

たとえば、キミは毎日2時間テレビを見たりゲームをしたりするとしよう。

それって24時間分の2時間。

つまり、1日の12分の1はテレビやゲーム。

1年って何カ月？

そう、12カ月。

ということは、キミは1年の12分の1の1カ月間を不眠不休でテレビを見たりゲームをしたりしていると考えることができる。

1カ月間、一睡もしないでテレビやゲーム！

実感してる？

その分を何かに充てれば大きなことができるよね。


自分の人生ゲームに熱中したほうが断然楽しいし、有意義だよ。

ボクはゲームもやらないし、テレビもほとんど見ない。ドラマなんて見たことない。

なぜなら、ゲームもテレビもしょせんは人がつくったものであって、そもそも面白くないし、そんなものに貴重な時間を奪われたくないと思っているからなんだ。

ストーリーがつまんなくて、先が読めちゃうドラマなんていうのもあるね。

そんなつくり物の世界よりも、現実の自分の人生のほうが数百倍面白いよ。

でも、多くの人は自分自身の面白い世界があることを知らないから、ゲームやテレビに熱中することで、自由な世界や憧れの世界を画面の中で疑似体験し、自分を満足させているんだ。

逆に言うと、世の中の人はつくり物の世界で完結させられ、余計な行動をしないように飼いならされているというわけだ。

知らず知らずのうちに、不満のガス抜きをさせられているんだね。

これがみんなが気付いていない世の中の仕組みなのさ。


世の中には「他人に時間を奪われている人」と、「他人から奪った時間によって莫大なお金と自由を手に入れている人」の2種類の人間がいるという話はしたね。

そして、100人中99人の人が、時間を奪われている側なんだよ。

つまり、たった1パーセントの人だけがルールをつくり、たくさんの人からお金をもらい、そのお金でより多くの時間と自由を買っているというわけだ。

もうわかったと思うけど、会社勤めのキミはその人に人生という時間を買われているわけだ。

キミは他人に自分の貴重な時間を奪われる人生でいいの?

イヤなら、まずはゲームをやめ、テレビも見ないようにして、奪われていた自分の時間を取り戻すことだね。


前章で言ったよね。

1パーセント(1日10分)無駄にするキミと、1パーセント努力しているキミでは、1年間で1260倍の差ができるって。

じゃあ2時間(120分)無駄にしているとしたら……。

豊かで自由な人生なんて考えないほうがいいね。


早く無駄な時間をなくそう。

7 給料以外の収入源をつくる方法を調べる

キミはいま、給料以外に何か収入源をもっている？

おそらくサラリーマンで給料以外の収入源をもっている人は、すごく少ないと思う。

なぜなら、多くの人が「副業禁止規定があるから、副業をしてはいけない」と思い込んでいるからだよ。

いま「思い込んでいる」と書いたのは、多くのサラリーマンが副業禁止規定を誤解しているからなんだ。

じつは、一般的な会社の副業禁止規定では、副業を全面的に禁止しているわけではないんだよ。業務に支障をきたさなければ、業務時間外や休日に副業をするのはＯＫなんだ。

だから、副業をしてお金を稼いだっていいんだよ。

もしキミがこれまで副業をしてはいけないと思っていたとしたら、まずはその認識から改めよう。

公務員はもちろん、一部の会社は厳しいルールをもっている場合があるから、キミの会社のルールは自分で調べること。

多分、キミの上司も勝手に副業一切禁止と思い込んでいるからタチが悪い。キミたちに「副業一切禁止」と高圧的に教育するだろう。

ここにも負の連鎖だね。

じゃあ、何をして稼ぐかということなんだけど、いまの時代、サラリーマンをやりながらでも副業で稼ぐ方法はいくらでもある。

夜や日曜日にアルバイト？

考え方、超古すぎる!!

ここまで読んでも、まだ時間を売る考え方しかできない？

もう1回最初から読んで！

ボクが勧めるのは「プチ起業」。

人に使われなくたって稼げるんだよ。

法人化しなくたってキミは社長だよ。

プチカンパニーをつくればいい！

いまではインターネットの時代だから、ネット販売やいろんなオークションサイトがあるし、ほかにもアフィリエイター、ユーチューバー、アービトラージ（裁定取引＝さや取り）などネットで調べればたくさん出てくるよ。

よーく考えてみて。

キミもパソコン1台で世界を相手に商売ができるんだよ。

30年前はそんなこと無理だった!!

ネット販売で最近話題になったのは、

・山村のオバちゃんが、木の葉をネット販売したら、和食関係の業界と取引ができていまや年収３０００万円

・アニメキャラのフィギュアをつくって世界に向けて販売

・海外で人気の日本のキャラクターのグッズを売って大成功

などなど、いくらでもある。

コツは少しマニアックなものが稼げる。

もっと気軽なのがオークションサイトを使う手。

・ヤフオク
・楽天
・モバオク

ほかにもいろいろあるし、海外に挑戦するなら

・eBay
・taobao
・Alibaba

なんかも試す価値あり。

taobaoで買ってヤフオクで売る。

ちょっと高度だけどね。

少し例を出してみたけど、これほどのポテンシャルをもったインターネットを活用しない手はない。

まずは手はじめにオークションでキミの不用品を売ってみたら？

はじめて売れたときには感動とともに、大きな可能性を感じられると思うよ。

そのときっと「起業」って私でもできる、と気付くから。


ボクがいままでオークションで販売してきたもので驚いた話を1つ紹介する。

前にも書いたけどボクはプロのフォトグラファーをやっていた。

ずいぶん前だけどニコンF2というカメラを使っていて、予備にプリズムファインダーを買っておいたんだ。

確か9000円くらいだったかな。

でも予備だったので結局使わなかったので新品。

オークションに出したら8万円で落札されて「何かの間違いかな⁉」と思ったほど。

それに近いことはたくさんあるね。

だからまずはやってみること。

つまり行動‼

慣れてきたら海外のネット販売やオークションサイトを活用すれば、可能性は無限に広がるね。

インターネットを利用したビジネス以外にも、少ない資金ではじめられるフランチャイズビジネスもある。

ほかには販売代理店をするとか、ＭＬＭ（マルチレベルマーケティング）なども本気になれば稼げるね。

本屋にも副業関連の本がたくさん並んでいるので、本で調べるという手もあるよ。

また、整体、美容、サロン、カラーセラピスト、コーチのように、自分の技術力を高めて収入がアップする道に転身した人もいる。

お料理教室や得意分野のセミナービジネスをはじめて、年収何千万円、何億円と稼いでいる人もいる。

この人たちもインターネットを告知の武器に販路を拡げているね。

本書は副業の指南書ではないので詳しくは書かないけど、ボクでも片手間に1カ月に20万円は軽く稼げるよ。

この金額って若い人なら会社を辞められるくらいの額だね。

何をするのかというと、ボクは40年以上オーディオの趣味をもっている。

また以前はプロのフォトグラファーだったから、いろいろな機材を買ったし、いまだにもってもいる。

つまり、目利きができるということ。

オークションなどで安く出ているものがあったら、必要じゃなくても落札してしまう。

それを少々手直ししてキレイに撮影し出品すると、だいたい3割くらいは高く売れる。

いまは金銭的にすごく豊かだからあまりやらないけどね。

自分に得意な趣味があったら、いまではお金になる時代になったんだよ。

マニアやオタクの人のほうが稼げる時代かもしれないね。

だから、本気で稼ぎたいのなら、どんな副業があるのかを自分でリサーチしてみること。

稼ぐ方法には、最初にまとまった資金が必要なものと、それほどお金のかからないものがあるので、自分に合ったものを選ぼう。

中には副業斡旋と見せかけての詐欺商法や悪徳ビジネスもあるから、気を付けてね。

給料以外の収入源

プチ起業する！　プチカンパニーをつくる！

- ネット販売
- オークション売買
- アフィリエイター
- ユーチューバー
- アービトラージ：裁定取引＝さや取り
- フランチャイズ（コンビニ・クリーニング・釣具等は要資金）（便利屋・配食サービス・住宅リペア等は小資金でも可）
- ＭＬＭ：マルチレベルマーケティング
- 技術（整体、美容、サロン、カラーセラピスト、コーチ、お料理教室 etc.）
- セミナービジネス（話し方・健康・金融知識・能力開発・コーチング etc.）
- 販売代理店（化粧品・補正下着・保険・水 etc.）
- 情報教材販売

……などほかにも多数あり。

ＭＬＭも正しくやっている会社もあれば、かなり怪しいのもあるから客観的に選ぶことが必要。

しつこく友人に勧誘されたからやる、ではダメ。

見分け方はどんな人がその会社の社長をやっているかが大きなポイント。

何はともあれ、重要なのは、自分にもできそうなビジネスがあれば、実際にやってみることだね。

何度も言うけど、多くの

人が成功しないのは、行動しないからなんだ。

頭の中でシミュレーションをして、「あーして、こーして、こうなるから、どうせ自分には無理！」という答えを出してしまうんだよ。頭の中での想像で完結させられるクセがついちゃった。

だから、本気で現状を変えたければ行動を起こすこと。行動しなければ何も変わらないんだから。


副業ではなく、いきなり資金を使って起業するという方法もあるけど、お客さんがゼロの状態で起業するのはかなり危険だと思う。

新しくはじめた店・事業の80パーセントが5年以内につぶれているデータを見ればわかる。

この人たちは多分何も調べず、何も学ばないではじめてしまったんだ。

いかに無謀かがわかるよね。

将来、起業するにしても、まずは副業ではじめてみて、給料と同じくらい稼げるようになって、会社の給料をあてにする必要がなくなってから独立起業することを、ボクは勧めるよ。

ただし、「本気で人生を変える」とコミットできる人は、勤めている会社を辞め起業するのもアリだし、派遣やバイトで生活費を稼ぎながら、手に入れた「時間」を使って新しいビジネスに挑戦することも大いにアリだ。

要は、腹が決まるかどうかだね。

8 目標を達成するまでやめない

行動を起こしたら、次は目標を達成するまでやめないこと。

さっき言ったよね。小さい目標からスタートすればいい。

ところが、多くの人はなかなか結果が出ないと途中であきらめてしまうんだね。

だから、成功しないんだよ。

不思議なもので、成功しない人のほとんどが、あともう少しというところでやめている。

実際、砂漠で遭難した人の多くが、あとちょっとでオアシスというところで亡くなっているそうだ。ここは心理学的にすごく興味深いところ。

もう1つ砂山を越えたらオアシスが見えたのにね。

ボクたちの世界でも、次の角を曲がったところに成功のゴールがあるかもしれないのに、ゴールが見えないと信じられないものなんだね。

じつは、成功する人と成功しない人の違いは、目に見えないものを信じることができるかどうかにあるんだ。

成功する人は、成功すると信じている、または決めているから、最初からゴールが見えているんだ。

歴史的に有名な発明家や事業家がたくさんいるけど、共通点があるね。

共通点は、「最初は誰も自分の発明・事業は見えていなかった」こと。

でも、それを現実的に見えるようにしたのが発明家本人であり事業家。

そう、見えるようにして「成功する」と信じたんだ。

自動車にしたって、電話にしたって、インターネットにしたって、みんな発明からはじまり本人か事業家が育てる。

ボクは13年前にある発明品と出合い、当時はまったく世間から注目されていなかったんだけど、「これは近い将来、絶対に大ブレークする！　世界中の人が必要とする！」と確信したんだ。目に見えない未来を信じることができたんだよ。

だから、13年間、その事業を途中でやめなかった。

その結果、だんだんすごいことになってきてさらに加速度的に売れはじめている。

おかげでボクは自由な生活を手に入れることができたんだ。

世の中、すぐに結果が出るものばかりじゃない。

むしろ、すぐに結果が出ないもののほうが多いと思う。

でも、ベクトル（事業としての方向性）が時代と合っていれば、必ず結果はついてくるから、それを信じてあきらめずにがんばってほしい。

そして、**「その時は必ずやってくる‼」**＝成功の時！

この達成感を味わってほしいから本書を書いているんだ。

9　時代とベクトルを合わせる

先ほどベクトルが時代と合っていれば、必ず結果はついてくると言ったけど、「じゃあ、どうやってベクトルを合わせればいいの？」と思った人も多いんじゃないかな。

そうだね。簡単に言うとチャンスっていうのは、ほとんどが「新しいもの」「新しいサービス」に訪れる。

つまりキーワードは「新しい」ということ。

いまの成功者はほとんどＩＴという新しい技術を活用した人。

または新しいビジネスモデルをつくった人。

たとえば、最近の例で言えば、

・日用品のネット販売会社
・本のネット販売会社
・オークション運営会社
・世界規模に広がったＳＮＳ運営会社
・スタンプ付きのＳＮＳ運営会社

などなどインターネットの世界はさらに加速中。

また「新しい」技術・切り口なんていうのも有効。

・３Ｄプリンターやドローン
・電動アシスト自転車
・ハイブリッドの自動車メーカー
・水素を使う燃料電池自動車メーカー
・安価な衣料品をブランディングすることで大きく成長している会社
・ケーブルテレビ

「新しい」ビジネスモデルで言うと
・インターネット印刷屋
・車のレンタルの「カーシェアシステム」
などなど。

わかりやすい例で言えば、この20年くらいで「スマホ」や「プリクラ」がなんでこんなに広がったのかというと「新しい」仕組み「新しい」ビジネスモデルだったから。

当然最初に仕掛けた人は儲かった。

この新しさに気付けた人が大きな収益を得ていることはわかったよね。

冒頭で「世の中甘い」とかの話をした。

じつは、ここがわかった人には世の中甘い！

成功なんて簡単！

って言っているんだ。

毎日、新聞に目を通したり、世間の動きをよく見たりしていれば、だいたい時代の新しい流れというのがわかるようになるものだよ。

たとえば、少子高齢化。今後の日本において、この流れは急に変わることはなさそうだよね。

人はイナゴの大群のように急に増えることはないからね。

つまり、子どもの数が減って、お年寄りの数が増えていくというのが、日本が向かっているベクトルということだ。

そうしたときに、どういうビジネスが時代に合っているのかを考えるわけ。

要するに、時代とベクトルを合わせるというのは、時代が求めている新しいサービスや商品を見つけるということなんだ。

つまり、新しいビジネスモデルをつくる、新しいものを売るということ。

たとえば、ほんの思いつきのアイディアだけど、高齢者向けの御用聞きビジネス。

これは、田舎に住む高齢の人たちが、車を運転できなくなったり、人口減少でガソリンスタンドがつぶれたり、路線バスが廃止になったりして、買い物に行けなくなっているという現状を考えれば、ベクトルが合っているよね。

じつはこれって東京などの都市近郊でも起こりはじめた現象。

多分誰かがそろそろ仕掛けると思うよ。

このベクトル合わせがちゃんとできれば、そのビジネスは必ず結果が出る。

途中でやめない限り、成功できるというわけだ。

逆に、ベクトルが時代と合っていなければ、ずっと続けていても結果が出ないので、これは早々にやめたほうがいいということになる。

その見極めさえ間違えなければ、ビジネスで成功するのは簡単なことなんだよ。

ボクの場合は日経新聞を開いたら、30分くらいで10個くらいの新しいビジネスアイディアを出せる。ずっとそんなことをしてきたから、頭がそうなっちゃったんだよ。

キミもできるようになるよ。

10 海外にも目を向ける

さらに言うと、これからはグローバルな視点も必要になってくる。

日本をこよなく愛する日本人でもいいんだけど、広い視野で見れば、ボクたちはアジアの中で生きているわけだから、日本のみならずアジア全体を学び、いろいろなチャンスを見つけたらいいんじゃないかと思っている。


とかく近隣の中国・韓国の反日がニュースになるけど、アジアには親日国がたくさんあり、とっても快く受け入れてくれる国が多い。

そこでビジネス展開をすれば、その国の雇用創出にもつながる。

WIN-WIN の関係もつくりやすい環境があるんだよ。

ボクはよくカンボジアに行くんだけど、カンボジアには「可能性」しかない。

インフラはまだまだだし、鉄道も市内バスもない。

アンコールワットのような観光資源はあるけど、大きな産業はまだない状態なんだ。

ＳＥＺという経済特区をつくって海外から企業を誘致していて、だいぶ産業は活性化してきたけど、自国の産業はまだまだ弱い。

つまり、カンボジアのような発展途上国には、ビジネスチャンスがゴロゴロ転がっているというわけ。

いまの日本ではベクトルが合っていないビジネスも、ひとたび海外に目を向ければ、ベクトルが合っている国もあるというわけなんだ。

ひと昔前に日本で当たったビジネスをカンボジアで展開すれば、新しいビジネスとして当たる可能性は大きいよね。

つまり、これからは日本国内だけを見るのではなく、海外にも目を向けたほうがいいということ。

これもまたボクのいまの話だけど、プノンペンのホテルの窓から外をボーっと見ているだけで、5〜10個のビジネスアイディアが湧いてくる。全部やるわけではないけど、一部はもう開始している事業もあるよ。

だからチャンスはいくらでもあるということ。

1つチャンスの見方をプレゼントしておく。

途上国の現地の商売は、まずは若い女の子の消費から動き出す、ということ。

ボクの経験だとアジアの途上国のどの地域に行っても、すごく元気なのが若い女の子。

お化粧や服、アクセサリーには目がない。

もちろんお金はもっていないから安いものでオシャレをしようとする。

だから安い化粧品やファンシーグッズのお店をやったらまず失敗しないね。

または日本では少し古いデザインになってしまったカワイイ服とかバッグとか。

実際、ボクもやろうとした。

でもやめた。

理由は、単価が細かくて面倒くさそうだったから。あと女の子の気持ちがよくわからないから(笑)。

でも面倒くさがらず、化粧品やファンシーグッズが好きな人は多分成功できるよ。

さらに言えば、日本からノートパソコンをもって海外に出て、インターネットでビジネスをして自由気ままな「ノマドライフ」なんていうこともまったく夢ではない。

ボクの友人もノマドでかなり長いこと日本に帰ってこない。

そして毎月いる国が違うね。

でもけっこう豊かに暮らしているみたいだ。そして楽しそう！

自分の人生をどうするかは、キミが決めていいんだよ。

ボクがよくセミナーで言う「人生に世界を入れろ！」っていうのがあるけど、受講生の数十名はすでに実行に移しているね。

今後が楽しみだ！

11 マネジメントの仕組みをつくる

ビジネスが軌道に乗ってきたら、次にキミがやるべきことは、マネジメントの仕組みをつくることだ。

一言でマネジメントと言っても、ものすごく広い意味がある。ここでは「管理によって安定的な収益を得る」という意味で使う。

この仕組みをつくれるかどうかが、大きな収入と自由を手に入れられるかどうかの分かれ目と言ってもいいだろう。

世の中の成功者と呼ばれる人たちの多くは、この仕組みをつくった人たちだ。

じゃあ、マネジメントの仕組みって具体的に何？

簡単に言うと、管理者が汗水たらして働かなくても、お金が入ってくる仕組みのことだよ。

キミの身近なところでいえば、会社の仕組みがそうだよ。

キミの会社の社長はどう？

たとえば、営業の第一線で毎日汗水たらして働いてる？

それとも、社長がいなくても会社が回る仕組みになってる？

普通、大企業の社長は社長室にいるわけで、現場にはあまり出てこないよね。これマネジメントができているということ。

つまり、もし社長が現場で働かないと会社が回らないとしたら、その会社はマネジメントの仕組みができていないということ。

働きづめの社長

自由を手に入れた社長

ＳＯＨＯや中小零細企業の多くが、このパターンなんだ。

こういう会社の社長の中には、ある程度の経済的自由を手に入れた人もいるけど、好きなときに好きなことができる時間的自由を手に入れた人は少ない。

ほとんどが働きづめの社長になってしまう。

だから、キミが経済的自由と時間的自由の両方を手に入れたいなら、自分がいなくてもビジネスが回る仕組みをつくらなければいけないんだよ。

そのためにはキミは管理者（社長）となり、従業員を雇ったり、外部スタッフに仕事を委託したり、どこかの会社と提携したりして、自分がいなくても売上が上がるようにした上で、さらに利益が出るような仕組みを考えなければいけない。

そう！　今度はキミが時間を買う側になるんだ。

つまりキミは自由に近づくわけ。

ＳＯＨＯや中小零細企業の社長が、いつまでたっても現場を離れることができないのは、この仕組みをつくることを知らないからなんだよ。

中には、職人気質でずっと現場にいたいという社長もいるけどね。

将来、起業をして経済的自由と時間的自由の両方を手に入れたいなら、自分以外の人にでも任せられるビジネスかどうかということと、人を雇って給料を払っても利益が残るビジネスかどうかをよく検討しておくことをお勧めするよ。

そうしないと、起業したけどずっと忙しいままで、「こんなことならサラリーマンで毎月決まった給料をもらっているほうがよかった」ということになりかねないからね。

12 お金に働かせる。インベストメントへの道

日本人の多くは銀行に預金しっぱなしなんだけど、とっても不思議に思う。

いま、日本円の価値が下がり、日本という国の力も弱くなっているよね。

ということは預金しているから安心というわけではなく、世界的にみればどんどんその価値が低くなっているんだ。

だから、キミが自由を手に入れたいなら、必ずやってほしいことがある。

それは、お金に働かせるということだ。

要するに「投資」だね。

日本人の多くは「投資は怖い」と言うんだけど、世の中にリスクがないものなんてないし、日本の銀行に預けておくことだってリスクはある。

ペイオフは知っているよね？

キミが大金持ちになって10億円を預金していても、銀行がつぶれたら一定金額（1000万円＋利息）しか保護しませんよ、という決まり。

その日本の銀行の格付けも世界的にみたらそれほど高くはない。

でも、地震とか天災とか、大不況とか、デフォルト（債務不履行）とか、もっというと日本という国そのものがリスクになりそうだ。

多くの日本人の考え方で、特徴のある不思議な話をしよう。

日本人はある年齢になると家を買う人が多い。

この家は住むだけだから何もお金は生まない。つまり負債。

たとえば、5000万円の家を買ったとしよう。

でも、いまは不動産の価格は値下がり傾向。
この流れは当然で、これからは老人のもっていた家がどんどん空き家になる。
いまの空家率はだいたい14パーセント。
子どもは増えていないのだから、不動産の値段が上がる理由はあまりない。
首都圏の一部を除いては、価値はだらだら下がっている。
その不動産、売ろうとしたら3000万円になってしまったとしよう。
つまり、投資的にいうと2000万円を吹っ飛ばして（損失）しまったわけ。
それでも多くの人は何も感じないどころか、まだ投資は怖いと言っている。
とっても不思議な話（笑）。

じつは、世界中の富豪のほとんどは投資によって財を成した人。
事業で成功すると有名になり目立つけど、本当の金持ちは有名にはなりたがらない。
ボクも世界的な富豪を何人か知っているけど、とっても地味。全然目立ちたがらない。
キミの周りにも「隠れ富豪」がかなりいるんだよ。
だから、本当の金銭的成功には投資が一番早くて有効。

いまからファイナンシャルリテラシー（金融知識）は磨いておいたほうがいいよ。

そうすると、お金が勝手に働いて資産を増やしてくれるんだ。

たとえば、金利が8パーセントの複利で回る定期預金に１００万円を預けたとすると、10年で約２００万円になるんだよ。

元手が１０００万円なら、10年で２０００万円になるというわけ。

自分は何もしないで2倍になるんだから、すごいと思わない？

本人が寝ている間にお金を増やすことができるのは、おそらく複利を使った運用がもっとも有効なんじゃないかな。


これが投資の魅力なんだよ。

先ほど言ったマネジメントの仕組みをつくるよりも、もしかしたらこっちのほうが簡単かな？

ただし、リスクはあるけどね。

まあ、両方できることがベストだね。

金利の計算例

金利8％（複利）で**100万円**が10年で**200万円以上**になる！

1年目	**1,000,000**×1.08＝1,080,000
2年目	1,080,000×1.08＝1,166,400
3年目	1,166,400×1.08＝1,259,712
4年目	1,259,712×1.08＝1,360,489
5年目	1,360,489×1.08＝1,469,328
6年目	1,469,328×1.08＝1,586,874
7年目	1,586,874×1.08＝1,713,824
8年目	1,713,824×1.08＝1,850,930
9年目	1,850,930×1.08＝1,999,004
10年目	1,999,004×1.08＝**2,158,924**

⇧

倍以上

いまの日本には、金利が8パーセントの金融商品はなかなかないけど、海外に行けばそういう金融商品はたくさんあるし、もっと利回りの高いものもあるからね。

発展途上国の金利はだいたいが高め。

理由は、発展している途上だから。

日本だって高度経済成長期は郵便局の金利が7〜8パーセントの時代があったんだよ。

ただし、投資をするには、元手が必要となる。

もちろん、元手は多ければ多いほうがいいわけだけど、貯金がゼロの人はまずは１００万円を目標にがんばって貯めよう。

また、投資でお金を増やしたいなら、１日でも早くはじめたほうがいい。はっきり言うと、若ければ若いほどいい。

なぜか？

それは複利という強い仕組みを味方にできるから。

だから、お金ができたら投資をはじめようという感覚ではなく、投資をするためにお金をつくるという感覚で取り組んでほしいと思う。

これが金持ちになる秘訣！

もちろん税金はちゃんと勉強して納めてね。

個人的にはＦＸや株、バイナリーオプションよりも海外の定期預金やファンドを勉強したほうが、よりリスクが低いと思うけどね。

もうだいぶわかってきたよね。

人はみんな自由に生きていいんだよ。

それは世界中、どこでも可能。

それを実行するかどうかは、キミ次第。

これまでずっと我慢してきたんだとしたら、そろそろ自由に生きてもいいんじゃないかな。


自分の人生、自分らしく生きようよ！

面白いドラマがはじまるよ!!

おわりに

さて、何かに気付けたかな？　考え方は変わりそうかな？

やさしくわかりやすく書いたけど、深いことが書いてあるから何回も読んでみて。

どうだろう、キミは自由を手に入れられそうな気がしてきたかな？

お金を稼げる↓会社を辞めることができる↓自由になる↓世界へ↓お金がお金を生んでくれる環境へ移れる。


本文の中でも書いたけど、多くのサラリーマンや派遣、パート、アルバイトは「自由に生きたい」と願いながらも、社長に自分の貴重な時間を切り売りする人生で終わってしまうんだよ。それが悪い、ということではなく、ほかにも選択肢がたくさんあるということを知ってほしいんだ。

「自由に生きるなんて自分には無理だ！」と思って、あきらめてしまう。

ボクはそんな人たちをたくさん見てきた。


でも、ボクのセミナーに来てくれた人はかなりの割合で自由になっている。

だから、キミにも自由な人生を歩んでほしくて、この本を書こうと思ったんだ。


ちょっと余談だけど、能力開発や自己啓発のセミナー開催や本を出して、結果豊かになった人はたくさんいるよね。

だけど、ボクのようにそもそも豊かな人間がこのような本を出すのは珍しいでしょ？

べつに豊かなんだから、こんな面倒な執筆活動する必要なんかない。

当然ふつう書かない。

でもね。

この本はナマの実体験から書かれているんだ。すべてが事実。

だからすごくキミの人生に役立ててもらえると思ったんだ。

本書の中でボクが一番伝えたかったことは、「自分の人生なんだから、自由に生きていいんだよ！」ということ。

「お金がないから」「時間がないから」という理由で、自分のやりたいことをあきらめてほしくないんだよ。

もし、お金がないから成功できない、と思っているとしたら、成功者ってお金があったから成功したの？

もし、時間がないから成功できない、と思っているとしたら、成功者って時間があったから成功したの？

まったく逆で「お金がないから」「時間がないから」挑戦するんだよ！


いまの給料に不満があるなら、自分で稼ごうよ！

いまの生活に不満があるなら、自分で変えようよ！


昔のように、会社や国はキミたちの面倒を見てくれない。

自分の人生は、自分で切り開いていくしかないんだよ。

老後だって自分でつくっていくしかなさそうな時代なんだ。

もともとキミたちには、自分らしく、自由に生きることができる能力が備わっているんだ。

だから、考え方を変えて、気付いて、決めて、行動すればできるんだよ。

いまは杭につながれた象になっているだけで、その能力を失ってしまったわけじゃない。

思い切って杭を抜いてしまえばいいんだ。

そう！　自由になっていいんだよ！

だから本書のタイトル、『だったら「仕事」やめちゃえばぁ…!?』

本書がキミの背中を押すことができたなら、著者としてこれに勝る喜びはない。

キミの人生が実りあるものになることを、心から願っている！

最後になりましたが、本書を出版してくださいました合同フォレストのみなさん、出版のきっかけをつくってくださった天才工場のみなさんに、この場をお借りして心から感謝申し上げます。

2016年1月、スキー場のロッジの暖炉の前で…。

麻雅　八世

■著者プロフィール

麻雅　八世（あさか・はっせい）

〔本名〕古橋 進（ふるはし・すすむ）
株式会社シャレックス代表取締役
一般社団法人ＪＰサクセス理事長

1954年、東京都狛江市生まれ。

高校生のとき、いつも大変そうにしているサラリーマンの父を見て、自分はサラリーマンにならないと決意。退路を断つために、大学を自主退学。

24歳のときに単身アメリカに渡り、日本で売れそうな商材を見つけるも、資金不足のために輸入を断念。帰国後は東京写真専門学校（夜間）に２年間通い、27歳で大手広告代理店の写真部に準社員として入社。

29歳でフォトグラファーとなり、1985年、31歳で株式会社シャレックスを設立。不動産広告、雑誌等の編集制作を主軸にしながら、自分でつくったさまざまなビジネスモデルを実践。その結果、たまりにたまった銀行からの借金が１億3000万円となり、人生のどん底を経験する。

しかし、その後はじめた事業が大当たりし、すべての借金を返済。続いて、販売を手掛けた英語教材がバカ売れし、それだけで約６億円の売上を稼ぐ。

47歳のときに、生活習慣病予防に絶大な効果があるといわれる「水素」と出合い、事業の立ち上げに参画し、大きなマーケットをもつに至る。

また、アメリカ最先端の心理学トレーナーの資格も取得し、セミナー等を開催。その人の性格に合わせた分析やアドバイスを行っている。

現在は、健康をテーマとした講演活動のほか、人生のどん底時代に学んだ能力開発＆心理学のセミナーを通して多くの人に学びを与えている。

モットーは、「時間を売らない生き方」を多くの人に広めること。

一般社団法人ＪＰサクセス　ホームページ

http://jp-s.info

企画協力　株式会社天才工場　代表取締役　吉田 浩
編集協力　堀内 伸浩
組　　版　GALLAP
装　　幀　株式会社クリエイティブ・コンセプト
イラスト　松野 実

だったら「仕事」やめちゃえばぁ…!?
――みんな知らないたった1つの本当の人生のつくり方

2016年 3 月 7 日　第1刷発行
2024年 3 月 15 日　第3刷発行

著　者　　麻雅　八世

発行者　　松本　威
発　行　　合同フォレスト株式会社
郵便番号 184-0001
東京都小金井市関野町 1-6-10
電話 042（401）2939　FAX 042（401）2931
振替 00170-4-324578
ホームページ https://www.godo-forest.co.jp
発　売　　合同出版株式会社
郵便番号 184-0001
東京都小金井市関野町 1-6-10
電話 042（401）2930　FAX 042（401）2931
印刷・製本　株式会社シナノ

ISBN 978-4-7726-6062-4　NDC159　188×130